CB122547

# HORIZONTES AMAZÔNICOS

## PARA REPENSAR O BRASIL E O MUNDO

BRUNO MALHEIRO
CARLOS WALTER PORTO-GONÇALVES
FERNANDO MICHELOTTI

# HORIZONTES AMAZÔNICOS

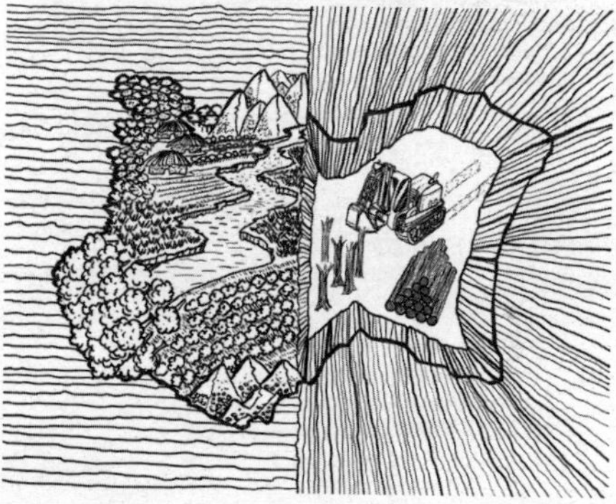

## PARA REPENSAR O BRASIL E O MUNDO

FUNDAÇÃO ROSA LUXEMBURGO
expressão POPULAR

*Horizontes amazônicos: para repensar o Brasil e o mundo*
[cc] EXPRESSÃO POPULAR/FUNDAÇÃO ROSA LUXEMBURGO, 2021

Dados Internacionais de Catalogação na Publicação (CIP)

Malheiro, Bruno
M249h Horizontes amazônicos: para repensar o Brasil e o mundo. / Bruno Malheiro, Carlos Walter Porto-Gonçalves, Fernando Michelotti. —1.ed.-- São Paulo : Fundação Rosa Luxemburgo; Expressão Popular, 2021.

288 p. : maps. – (Coleção emergências).

ISBN 978-65-990745-0-9
ISBN 978-65-990745-1-6 (Fund. Rosa Luxemburgo)

1. Amazônia – História. 2. Povos amazônicos – Evolução histórica. 3. Amazônia – Desenvolvimento I. Porto-Gonçalves, Carlos Walter. II. Michelotti, Fernando. III. Título. IV. Série.

CDU 981.12
CDD 333.563

Catalogação na Publicação: Eliane M. S. Jovanovich CRB 9/1250

"Esta publicação foi realizada pela Fundação Rosa Luxemburgo com fundos do Ministério Federal para a Cooperação Econômica e de Desenvolvimento da Alemanha (BMZ)".

"Somente alguns direitos reservados. Esta obra possui a licença Creative Commons de Atribuição + Uso não comercial + Não a obras derivadas (BY-NC-ND)".

BY NC ND

EDITORA EXPRESSÃO POPULAR
Rua Abolição, 201 – Bela Vista
CEP 01319-010 – São Paulo – SP
Tel: (11) 3112-0941 / 3105-9500
livraria@expressaopopular.com.br
www.expressaopopular.com.br
ed.expressaopopular
editoraexpressaopopular

FUNDAÇÃO ROSA LUXEMBURGO
Rua Ferreira de Araújo, 36
05428-000 São Paulo SP – Brasil
Tel. (11) 3796-9901
info.saoPaulo@rosalux.org
www.rosalux.org.br/
@RosaluxSaoPauloBuenosAires

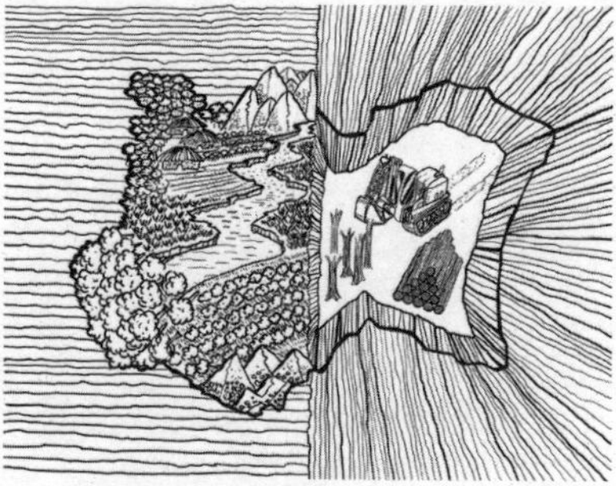

# SUMÁRIO

## COLEÇÃO EMERGÊNCIAS

Debates urgentes, fundamentais para a compreensão dos problemas brasileiros, com enfoques quase sempre invisibilizados. Essa é a proposta da Coleção Emergências, uma iniciativa da Fundação Rosa Luxemburgo e da Editora Expressão Popular. Há um volume gigantesco de dados e notícias em circulação que nos traz uma falsa ideia de acesso aos temas que pautam a vida política do país. Mas boa parte deste conteúdo é produzido e veiculado pelos donos do poder econômico, que elegem o que deve ser visto e informado de acordo com seus interesses. Por isso, é essencial ampliarmos as maneiras de enfrentar esse ponto de vista único e pautar, com profundidade, temas de relevância para o povo brasileiro.

Nossa Coleção se propõe a discutir questões cruciais para o Brasil a partir de perspectivas pouco divulgadas nos meios de comunicação comerciais. Cada obra não pretende ser a última palavra sobre o tema, mas o ponto de partida para estimular debates e novas leituras. Só entendendo nossa realidade iremos transformá-la. Daí Emergências. Emergências porque é preciso refletir sobre o mundo que vivemos. Já não temos condições de ignorar a gravidade das crises econômica, social, ambiental, política. Emergências porque já não se pode mais insistir em velhas respostas. Emergências porque não podemos mais esperar.

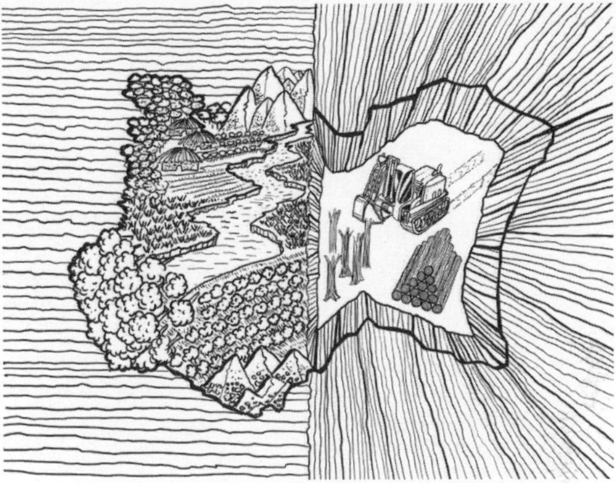

# INTRODUÇÃO

EM POUCOS DIAS, DESCOBRIU-SE O PLANETA COMO UM SISTEMA vivo, não necessariamente da melhor maneira, mas sim pela morte de milhões de pessoas por um vírus que se alastrou silenciosamente. O planeta estaria a nos anunciar um colapso metabólico? A Organização das Nações Unidas para a Alimentação e Agricultura (FAO, 2013) já havia atestado que 70% dos novos patógenos surgem pela invasão a distintos ecossistemas florestais, uma invasão protagonizada pela expansão desenfreada das frentes do agro(mínero-hidro-bio--carbono)negócio, para as quais a vida sempre é um detalhe dispensável. Até mesmo a Biologia, quem diria, abandonou a vida e passou a se preocupar mais com os genes do que com as espécies vivas tal como se oferecem aos mortais e com as quais a humanidade, em sua diversidade, conformou tantos povos e culturas. Agora se necessita mais que de microscópios, se necessita de nanoscópios para que se veja com outros olhos. Não é mais no mundo mundano onde povos e culturas se conformaram produzindo conhecimentos, mas sim nos laboratórios que se produz conhecimento, e em laboratórios cada vez mais subvencionados, quando não próprios das grandes corporações, as mesmas que, atualmente, prometem vacinas e que se afirmam quanto mais necessidades de vacinas houver. As epidemias e pandemias são um bom negócio!

Este livro fala a partir de uma região, a Amazônia, que tem grande implicação e relevância para os destinos da vida no planeta que, atualmente, se vê ameaçado por um sistema histórico de morte, destruição e adoecimento: o capitalismo e sua tecnociência, o capitalismo e sua colonialidade. A Amazônia, por seu lado, nos oferece outros horizontes de sentido a essas histórias de destruição e geografias de colapso.

Falamos, portanto, a partir de uma região habitada há 19 mil anos na Formação Cultural Chiribiquete (Amazônia colombiana) e há pelo menos 11 mil anos no Sítio da Pedra Pintada, em Monte Alegre, no Pará (Brasil). Tenhamos esses milênios em memória, pois a floresta amazônica, tal como a conhecemos, só se formou depois da última glaciação Würm (13 mil a 18 mil anos), pois, como nos ensina Aziz Ab'Saber (1977), ela estava reduzida a alguns sítios restritos (refúgios), e só depois do recuo da última glaciação é que, com o aumento da pluviosidade no planeta, expandiu-se até alcançar o espaço que hoje abarca, a ponto de exercer um papel importante na dinâmica metabólica do planeta, sobretudo no que diz respeito aos ciclos hídricos com suas implicações climáticas.

Se a floresta tem, pelo menos, 13 mil anos e a região é ocupada há 19 mil anos, um dos pontos de partida deste livro é a certeza de que a diversidade ecológica e biocultural da Amazônia, tão fundamental à vida no planeta, é o resultado de milênios de um *sentirpensar* com a floresta dos amazônidas; com seus saberes de coletar, pescar, caçar, praticar agricultura, habitar, proteger, curar, cozinhar, comer e conviver. Esses saberes se conectam a uma dinâmica metabólica em que um hectare de floresta produz de 40 a 70 toneladas de biomassa por ano, o que não se alcança com nenhuma monocultura, e foi um trunfo para múltiplos povos exercerem sua liberdade em um espaço cuja diversidade de espécies em um hectare é maior do que em toda a região de clima temperado do planeta.

Mas o capitalismo, pela colonialidade que lhe é constitutiva, conseguiu transformar essa região – produzida por esse patrimônio de conhecimentos praticados/pensados a partir de diferentes línguas indígenas e enriquecidos pela diversidade de fazeres/saberes afro-amazônicos e camponeses, que diversificam ainda mais a ancestralidade amazônida – em um espaço vazio e atrasado. Tal transformação é operada pela representação da região como natureza inóspita, que precisa ser dominada e não cuidada, ou como natureza intocada, expressão máxima de um vazio, alegoria do massacre, pois ninguém sente falta do que foi legitimado como não existente. Ou ainda como região do futuro que, por ser promessa, não tem presente; o futuro nesse sentido se apresenta como ameaça, por atualizar a colonialidade que sempre marcou o território.

O sentido desse livro é restituir ao centro do debate sobre o mundo as perspectivas dos povos amazônicos, uma vez que seus conhecimentos são densos de outros horizontes mais justos e indicam caminhos de vida mais dignos para todos nós. O que não é qualquer coisa, pois no passado havia mais futuro do que hoje. Isso nos coloca uma dupla responsabilidade. A primeira delas é construir formas evidentes de entendimento sobre os processos de expansão (que é sempre invasão) capitalista na Amazônia e os cercos aos territórios de vida, que vêm sendo agravados com a pandemia do novo coronavírus desde 2020, em que a brutalidade capitalista se aprofunda em vez de cessar, sob a permissividade de um governo que chega ao poder no Brasil em 2019 louvando a ignorância e comemorando o fogo e o sangue.

A segunda, para não cair na armadilha de compreender a barbárie capitalista sem apresentar alternativas a ela, é dialogar com o enorme acervo de conhecimentos – patrimônio milenar de povos amazônidas – que atualmente são vividos por centenas de etnias indígenas de comunidades que se tornaram livres *cimarroneando-se*/aquilombando-se. Em diálogo intercultural com outras matrizes de racionalidade, ensejaram diversas campesinidades que vivem pela floresta e seus rios e, porque não dizer também, por milhares de pessoas provenientes de vários grupos étnicos e que vivem hoje em periferias urbanas amazônicas, onde se encontram múltiplos circuitos econômicos das várzeas e *terras-firme*, fundamentais à autonomia alimentar em diversos espaços de reunião e encontro, sempre às bordas dos sistemas hegemônicos de mercado.

Entendemos que a discussão neste livro tem implicações para o mundo inteiro, porque a Amazônia sempre foi, e ainda é, fundante para a constituição do sistema-mundo moderno-colonial, como indica a presença, desde os primeiros momentos de invasão europeia, de cinco potências coloniais: Inglaterra,

Holanda, França, Espanha e Portugal, ou ainda das grandes corporações transnacionais que disputam a exploração da região, seja com base no paradigma fordista fossilista, que quer ver a floresta no chão para explorar seu solo e seu subsolo, seja com base no paradigma biotecnológico flexível, que quer a floresta em pé, mas sob seu controle, por meio das corporações da indústria bioquímica ou por meio da falácia do mercado de carbono. Mas as discussões que as leitoras e os leitores encontrarão nesse livro vão além dessa posição estratégica na geopolítica. Elas interessam à humanidade inteira, pois queremos dialogar com mundos que pluralizam os sentidos *eeurocêntricos* – permitam-nos o neologismo – de humanidade.

Diante do desafio que significa pensar a Amazônia, destacamos alguns princípios de reflexão que organizarão as ideias vindouras:

1. Não basta construirmos uma crítica ao capitalismo, sem, conjuntamente, construirmos uma crítica à colonialidade em todas as suas faces e dimensões. O primeiro passo é reconhecer que toda expansão, para o capital, é invasão de territórios para os grupos/classes sociais que ali vivem. Por isso, usaremos a expressão expansão/invasão. Mas, indo além, pensar criticamente a expansão/invasão capitalista na Amazônia exige também pensar as invenções alternativas a ela pela experiência de seus povos;

2. A sanha da invasão capitalista na Amazônia revela não apenas que os processos de espoliação são constituintes e permanentes na dinâmica de produção do valor e da riqueza no capitalismo, uma vez que a acumulação primitiva sempre é realizada por "civilizadores", mas também que, diante da violência do saque, roubo e fraude presentes na espoliação, os regimes de exceção e/ou autoritários também podem ser considerados constitutivos do que chamamos de regimes democráticos;
3. A Amazônia, historicamente, foi pensada tendo como referentes de análise a industrialização, a técnica, a modernização, os ciclos econômicos, ou seja, sempre pela chegada do "novo". Para deslocar essas referências, queremos (re)pensar a geo-história amazônica pelas ruínas e pelos saberes/sabores de seus povos, para interromper a marcha da dominação e disputar os sentidos da memória, de modo a interferir nas lutas do presente/futuro;
4. Falar em Amazônia, como dissemos anteriormente, tem implicações globais, seja por razões geopolíticas, seja por razões metabólicas. Por isso, torna-se necessário pensar as relações entre distintas escalas para a conformação da complexa realidade Amazônica, considerando redes de interesses globais e seus atravessamentos nos corpos dos amazônidas, mas também que as práticas e saberes inscritos nos

mundos amazônicos possuem potência universal para apontar novos horizontes a seguir. Enfim, pluriversalidade.

5. Partimos da crítica às formas de produção de uma única universalidade que, pela geopolítica do conhecimento, subjugou e localizou saberes fundamentais à reprodução da vida no planeta, como os dos povos amazônicos, e generalizou os saberes da dominação provincialmente pensados a partir de certas línguas e lugares de uma das províncias do mundo, a Europa. Tal crítica se dirige não à universalidade em si, mas ao modo desigual de produção da universalidade. Por isso, reivindicamos que a Amazônia oferece ao mundo outros horizontes teóricos e políticos; inclusive, oferece ao Brasil outros caminhos radicalmente distintos dos até aqui tomados, como os projetos mononacionais de uma nação que encarnou o ecocídio, o patriarcado, o racismo, o patrimonialismo e a violação étnica como regra de *des-envolvimento*. Enfim, reproduzimos internamente a colonialidade como a que o *eeuurocentrismo* colonizou o mundo.

Esses cinco princípios analíticos gerais revelam, também, que este livro é escrito pelo encontro de distintas formações, trajetórias, ou ainda, por distintas formas de ver criticamente o capitalismo e a colonialidade. Encaramos essa diversidade não como limitante, mas como potência que amplia os campos de análise e os mantém articulados a partir de uma coerência e do compromisso com a realidade amazônica e seus povos, o que também interliga os autores dessa obra.

Por isso, essa diversidade nada mais é do que uma forma de agregar diversas perspectivas críticas ao capitalismo que podem ser expressas em quatro caminhos interpretativos que estarão sempre interligados nos capítulos posteriores: o primeiro caminho é o da crítica da economia política, lida a partir da centralidade assumida pela espoliação na lógica de realização do capital; o segundo caminho é o das relações de poder e governo do território, que ajudam a ler a dinâmica espoliadora por seus mecanismos concretos, ou ainda, pelo atravessamento nos corpos dos dispositivos de distintas racionalidades capitalistas na região; o terceiro caminho é o da ecologia política crítica, que nos lembra que a lógica capitalista na Amazônia, em realidade, é a imposição de um colapso metabólico; e o quarto caminho crítico é o da ontologia política, que nos mostra que avançar na crítica ao capitalismo é, também, encontrar outros modos de ser e de produzir vida em comunidade, outros modos de se relacionar com a terra, com a floresta e com os rios, ou seja, outras ontologias ou cosmopolíticas que nos mostram outros horizontes de sentido para a vida.

Por esses encontros, a organização das ideias deste livro segue a seguinte sequência de argumentos. No primeiro capítulo, "A ofensiva espoliadora sobre/contra a Amazônia e seus povos", faremos um mergulho crítico no atual contexto de brutalização dos processos de espoliação na Amazônia, demonstrando que a escolha pela exportação de *commodities* como única via de desenvolvimento, que atravessou diferentes espectros político-ideológicos, configurou-se como um pulo sem asas no abismo autoritário que vivemos atualmente, cujas linhas de força são a racionalidade militarizada e a necropolítica encarnada na defesa da propriedade privada (que é o mesmo que propriedade que priva).

No segundo capítulo, "Das ruínas da colonização às marcas da colonialidade: a formação moderno-colonial-amazônica", pretendemos interpelar as linhas de força que organizam a atual ofensiva espoliadora à Amazônia e seus povos a partir de suas bases históricas, ou seja, demonstrando a formação territorial da Amazônia a partir das ruínas dos diferentes processos de expansão/invasão capitalista na região, o que nos faz compreender essa dinâmica como uma guerra constante aos territórios de vida dos povos amazônicos.

No terceiro capítulo, "A Amazônia e o colapso metabólico: disputa de paradigmas", trataremos da fratura de um padrão milenar de organização sociometabólica do espaço referenciado na fotossíntese e plasmado na diversidade social e biocultural. Essa fratura, gerada pelo avanço/invasão capitalista aos territórios de vida amazônicos, agrava-se não apenas pela artificialização explícita da natureza, reduzida a uma paisagem homogênea, mas também por outras formas mais sutis de artificialização que, mesmo pretendendo manter a 'floresta em pé', subordina seus povos ao capitalismo verde.

No quarto capítulo, "A Amazônia como patrimônio biocultural dos seus povos", queremos expressar a Amazônia ou as Amazônias a partir da diversidade de seus povos, relacionando a diversidade ecológica e biocultural, fundamentais à vida no planeta, ao *sentipensar* com a floresta, com os rios, várzeas e terras firmes inscritos nos saberes/fazeres dos povos que historicamente foram marcando suas diferenças no espaço amazônico, o que nos faz pensar a Amazônia para além das *commodities*, mas também para além das invenções mercadológicas de um capitalismo verde.

Por fim, na última parte do livro, "Ideias amazônicas para um diálogo com o mundo", pretendemos dialogar com o legado teórico e político que os povos amazônidas oferecem para a construção de outros horizontes de sentido para a vida no planeta.

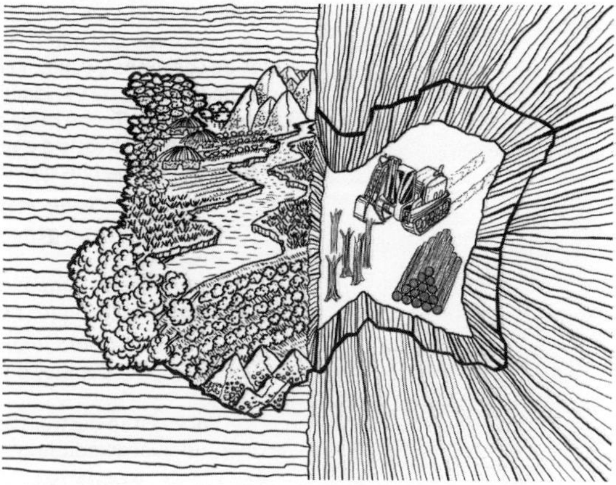

# A OFENSIVA ESPOLIADORA SOBRE/CONTRA A AMAZÔNIA E SEUS POVOS

Os dias estão muito estranhos e o medo é
uma potente arma ideológica [...]
Mas minha tarefa é a lembrança de que
os tumbeiros que mancharam nossos
solos de vergonhas, como na escravidão
ou na ditadura de 64, jamais poderão
ficar impunes. Tenho pena de ti, estás
num quarto escuro e sem janelas,
vítima da própria bílis que lança no ar.

*Paulo Fonteles Filho*
*Carta aberta ao general Mourão*

A noite sobre os campos queimados
também se queima e perde a paz.

*Dalcídio Jurandir*, Chove
nos Campos de Cachoeira

Vocês estão destruindo o mundo
no qual acreditamos e vivemos.

*Yanuke Waurá, liderança*
*do povo Waurá*

NO ANO DE 2019, O MÊS DE AGOSTO TEVE O MAIOR REGISTRO DE queimadas na Amazônia desde 2010, com aumento de 196% dos focos de incêndio em relação ao mesmo mês do ano anterior. Denúncias e investigações indicaram que o pico de queimadas registradas nos dias 10 e 11 de agosto daquele ano foram articuladas por fazendeiros, madeireiros e empresários por meio de grupos de *WhatsApp*, no que ficou conhecido como o "dia do fogo" (Camargos, 2019). Uma densa nuvem de fumaça e cinzas extrapolou a própria região, em uma semana chegou ao Sudeste do país e, ao encobrir o céu de São Paulo no meio da tarde, paradoxalmente ampliou a visibilidade dessa situação. No conjunto daquele ano, as queimadas no bioma amazônico tiveram um aumento da ordem de 68% em relação ao ano anterior (Madeiro, 2020).

Associado à problemática do fogo, também houve um aumento significativo do desmatamento na região. As taxas de desmatamento na Amazônia Legal apontadas pelo Inpe em 2019 foram 34,4% maiores do que as de 2018 e 63,2% maiores do que as de 2015. No ano de 2020, apenas no primeiro semestre, dados de alerta de desmatamento emitidos pelo Inpe, incluindo corte raso, corte com vegetação e mineração, indicam aumento de 25,6% em relação ao mesmo período do ano anterior (Inpe, 2020). A divulgação dos dados recordes de alerta de desmatamento no mês de junho de 2020 levou, por parte do governo federal, à exoneração da coordenadora do sistema Deter do Inpe, repetindo ação tomada em 2019 em relação ao diretor do órgão.

Esses dados, bem como as imagens das queimadas e da fumaça, vêm ganhando destaque nos noticiários nacionais e internacionais, aumentando o tom das críticas ao governo federal brasileiro por negligência ambiental. Em plena crise das queimadas, no dia 24 de setembro de 2019, na abertura da Assembleia Geral da ONU, o presidente Bolsonaro usou o palanque para negar o aumento da devastação da Amazônia, criticando a imprensa, os ambientalistas e os povos indígenas, em especial o cacique Raoni Metuktire, liderança com reconhecimento internacional.

Em Nova York, no mesmo dia, o discurso de Bolsonaro teve uma resposta dura de Sônia Guajajara, Dinamam Tuxá, Cris Pankararu e Artemisa Xakriaba, lideranças da Articulação dos Povos Indígenas do Brasil que estavam acompanhando o evento da ONU, com grande repercussão na mídia. No dia seguinte, o próprio cacique Raoni foi recebido no Congresso Nacional, rebatendo as críticas recebidas e acusando o presidente de promover um ataque sistemático contra a Amazônia e os povos indígenas (Sampaio, 2019). Desde então, as articulações de povos indígenas têm sido uma potente voz de denúncia da destruição em curso!

O que revelam esses ataques à natureza e aos povos e comunidades indígenas, quilombolas, camponesas e seus parentes hoje nas periferias urbanas,[1] em suas diversas expressões na Amazônia? A ofensiva do atual governo sobre/contra a Amazônia e seus povos não retrata apenas a visão preconceituosa de um presidente sobre a questão, mas um conjunto de interesses e de forças sociais a eles articulados que buscam, simultaneamente, o aprofundamento da apropriação privada da terra e dos bens a ela associados, negando esses direitos aos povos e comunidades do campo e das periferias urbanas, bem como negando seus modos de vida como modos reais de construção social (não destrutiva) da vida, em seu sentido pleno e que não separa humanidade/vida. Trata-se de uma nova ofensiva, mas que tem suas bases em vários outros tempos e espaços, fazendo com que o atual momento, descrito anteriormente pelos dados alarmantes, seja pensado como resultante de escolhas políticas e econômicas assentadas em arranjos de poder de longa duração, mas que vem atualizando suas forças nos primeiros 20 anos do século XXI.

Quando estamos falando dessa ofensiva sobre/contra a Amazônia e seus povos, queremos nos referir à ofensiva espoliadora, pois, em termos teóricos, estamos falando de um processo de geração de valor e de acumulação de riqueza que se pauta numa conexão orgânica, como já tratado por Rosa Luxemburgo (1984) em sua análise sobre o imperialismo, entre a acumulação primitiva do capital e sua reprodução ampliada, entre a transformação de bens coletivos em mercadoria pela lógica de imposição da propriedade privada capitalista por meio do saque, da fraude, do roubo, da violência e um processo de valorização cíclica do dinheiro e sua transformação em capital, por meio, fundamentalmente, do processo de exploração do trabalho.

Ou ainda, estamos observando o capitalismo a partir dos processos de acumulação por espoliação (Harvey, 2005), os quais, diferentemente dos processos de exploração do trabalho, que pressupõem uma dinâmica de alienação e coação permanente do trabalhador, envolvem mudanças traumáticas e conflituosas de desapropriação, como reitera Levien (2014), que contam com a presença violenta do Estado. Nesses termos, entender a ofensiva espoliadora e os métodos violentos por meio dos quais ela se realiza, implica não só pensar nas racionalidades econômicas por trás da violência e da devastação, mas também numa esfera de indeterminação política aberta para essas racionalidades se realizarem, que desmontam os sentidos básicos que sustentam qualquer ideia de democracia. Acumulação por espoliação e estado de exceção caminham juntos na dinâmica de expansão/invasão capitalista na Amazônia.

Um dos processos que demonstra a relação direta entre espoliação e estado de exceção na Amazônia é a pilhagem de matéria e energia. Esse processo, que poderia ser pensado como "um regime de relações sociais que fagocita as energias vitais como meio para a acumulação pretensamente infinita do valor abstrato" (Aráoz, 2013), para se tornar efetivo, precisa de mecanismos no interior de um suposto Estado de

Direito para justificar ilegalidades de processos de superexploração da natureza em larga escala (Mattei e Nader, 2013). Esta tese, definitivamente, encontra respaldo na experiência histórica da ofensiva espoliadora sobre/contra a Amazônia e seus povos, que se reforça na atualidade.

O momento presente, portanto, é o ponto crítico de chegada de uma caminhada, na qual nos perdemos há tempos no caminho. Por isso, parece necessário um mergulho no presente para compreender todos os tempos e espaços que o compõem,[2] todas as temporalidades históricas que ele traduz e pelas quais ele é produzido, permitindo revelar processos complexos que extrapolam a própria região e ampliam a importância das lutas de *r-existência* dos povos amazônicos. Este mergulho, a partir deste capítulo, apresenta uma análise do contexto atual de ofensiva espoliadora contra a Amazônia e seus povos, identificando a transição para o século XXI como momento de retomada de uma ofensiva de expansão/invasão capitalista que deságua na brutalização generalizada do capitalismo de nossos dias. Dois serão os argumentos centrais: o primeiro é que a escolha pela exportação de *commodities* como via principal de *des-envolvimento* significa um pulo sem asas no abismo autoritário; e o segundo é que a racionalidade militarizada e necropolítica do capitalismo na Amazônia, que se ampliou após as eleições de 2018, é a expressão que emerge desse abismo autoritário.

## AMAZÔNIA DO SÉCULO XXI OU A ESPOLIAÇÃO COMO REGRA DE PRODUÇÃO DA RIQUEZA: UM PULO SEM ASAS NO ABISMO DO AUTORITARISMO

A entrada de um novo século sempre desperta discursos de transição que encarnam esperança e vontade de transformação. Não foi diferente com a Amazônia. Várias foram as publicações de livros, artigos, ensaios e notícias que anunciaram a Amazônia do século XXI como uma região revigorada, que passaria a se desenvolver de forma sustentável com um padrão tecnológico avançado. A história contada como uma eterna novidade, que enganou tanta gente, não passou de uma ilusão: muitos violentos *ontens* amazônicos são o hoje, o presente é muito mais do que o agora.

A virada ao século XXI, em realidade, pode ser considerada como um momento paradigmático para uma atualização perversa de formas brutais de capitalismo já experimentadas na Amazônia, como teremos a oportunidade de discutir no segundo capítulo, construída por um novo impulso de integração da Amazônia aos circuitos nacionais e mundiais de acumulação. Do ponto de vista geopolítico, esse momento revela o acirramento da disputa pelo acesso e domínio de territórios e seus recursos, em um contexto de revalorização de elementos produzidos naturalmente, como petróleo e gás, água, biodiversidade e terras agricultáveis, cuja crescente escassez relativa gera possibilidades de concentração de ganhos econômicos e de poder (Ceceña, 2016). Internamente, revela a prioridade dada à produção e exportação de *commodities* capazes de sustentar transferências de rendas ao circuito financeiro nacional e global, após a transformação do Brasil em uma plataforma internacional de valorização financeira (Paulani, 2008), inclusive inventando novas mercadorias fictícias, como no mercado de carbono.

Na escala latino-americana, o *boom* do preço das *commodities,* no início do século XXI, impulsionou distintos governos na América Latina, dentre eles o Brasil, a basear na exportação de produtos agrícolas e minerais o caminho prioritário para a conquista da estabilidade macroeconômica, criando uma espécie de consenso político e ideológico pautado na mercantilização da natureza e na exploração intensiva e em grande escala de recursos naturais como únicas vias legítimas para o crescimento econômico, o que Svampa (2013) denominou de "consenso das *commodities*".

Atualizou-se, nesse contexto, o pacto de poder em torno de uma dinâmica capitalista de cercamento da natureza, dos meios de existência, dos ambientes nos quais se realizam as diferenças e dos espaços onde ocorrem distintos processos de produção da vida social, o que produz territorializações voltadas à exploração de recursos e ao controle privado de terras, territórios e fluxos. Os novos cercamentos, como definiriam Dardot e Laval (2017), surgem como uma progressiva e violenta expropriação do que ainda é comum, ou ainda, como um processo de disputas territoriais em torno do uso, acesso e controle da terra, dos bens da natureza e dos fluxos de matéria e energia.

As escolhas políticas e econômicas em torno das exportações de *commodities* agrícolas e minerais como o caminho absoluto para a conquista do *superavit* primário, na Amazônia, nada mais foram do que o aprofundamento dessa forma peculiar de expansão/invasão capitalista por dinâmicas de territorialização guiadas por uma razão cínica em que o exercício do poder se dá pela interdição da possibilidade de realização da vida. Essa lógica permite que caminhem lado a lado dinâmicas financeiras altamente globalizadas com as formas mais abjetas de controle da força de trabalho, de violência e devastação.

A leitura integrada entre as distintas formas de mercantilização e financeirização da terra e dos bens da natureza pelo conceito de agro-mínero-hidro-bio-carbono-negócio tem o sentido de entender que esses vários mercados se integram, não apenas pelas articulações entre os seus agentes no plano político/legislativo/judiciário ou mesmo em entidades representativas, mas que estão integrados por meio de movimentos espaciais, ou melhor, por meio de processos de territorialização capitalista e desterritorialização de povos, grupos e comunidades, que se relacionam.

A persistência do trabalho escravo, tão presente na região, e a superexploração da natureza, claramente expressa pela expansão integrada do agronegócio, do hidronegócio, do mineral-negócio, do carbono-negócio, dos negócios relacionados aos sistemas logísticos e na comoditização de outras energias vitais, como o ar e o conhecimento tradicional, que trataremos como agro-mínero-hidro-bio-carbono-negócio, relacionam-se com práticas de violência absolutamente aviltantes, na formatação de um capitalismo em que trabalho assalariado, servil e escravo coexistem, no qual há um pacto de poder entre bancos, grandes corporações transnacionais, latifundiários e empresários regionais, capangas, pistoleiros e, logicamente, o Estado, por intermédio de seu apoio logístico, de seu braço financiador, de seu outro braço *(des)regulador*, ou ainda pelas suas forças de *(in)segurança*.

Para Maria da Conceição Tavares, esse tipo de articulação não é conjuntural na formação brasileira, mas estrutural, a partir de uma relação entre acumulação de riqueza e de poder sustentada por um férreo pacto de dominação social entre os donos da terra, o Estado e os donos do dinheiro. Esse pacto sustenta-se em torno de:

> (i) apropriação privada e concentrada da terra como forma concreta de acumulação patrimonial da riqueza capitalista em permanente reinvenção da acumulação primitiva na expansão da fronteira econômica-territorial; (ii) relações 'patrimonialistas' entre as oligarquias regionais e o poder central, intermediadas por suas representações políticas e de apropriação dos fundos públicos; (iii) relações de dominação e cumplicidade entre os agentes do dinheiro mundial e as burocracias do dinheiro nacional que conformam a burguesia dependente ou associada ao capitalismo financeiro internacional. Por isso, as sucessivas crises e impulsos de 'modernização conservadora' nunca suprimiram o caráter rentista e patrimonialista das oligarquias no processo de acumulação

> de capital e poder, configurando o caráter oligárquico desse pacto de dominação. (Tavares, 2000)

Desde o final do século XX, esse pacto de poder se atualizou como um pacto de economia política do agronegócio, conforme Delgado (2012), ou um consenso das *commodities*, conforme Svampa (2013). Em suas linhas gerais, esse pacto de poder assentou-se em uma sobrevalorização política e econômica do latifúndio e da produção e exportação de *commodities*. Contou, ainda, com a participação política ativa da representação dos grandes proprietários, associando-se às corporações agroindustriais, financeiras e midiáticas, de forma a ampliar seu espaço de representação nas instâncias governamentais no Executivo e Legislativo, conforme Mendonça e Oliveira (2015) e Bruno (2017). Mais uma vez, os donos da terra, os donos do dinheiro, os donos do poder, conforme a expressão consagrada por Raimundo Faoro!

Dada a sua amplitude, esse pacto de poder em torno do agro-mínero-hidro-bio-carbono-negócio pode ser ilustrado pelo seu desdobramento na reprimarização das exportações brasileiras, em que os produtos básicos voltam a ter maior importância do que os industrializados. Segundo as estatísticas de comércio exterior do Ministério da Economia (Brasil, 2020), as exportações brasileiras de produtos básicos, em 1999, foram de 11,8 bilhões de dólares e, em 2019, de 119,0 bilhões, o que corresponde a um crescimento de 907,3% nesse período. Além disso, a participação desses produtos básicos em relação ao total das exportações passou de 24,6%, em 1999, para 52,8%, em 2019, configurando uma reprimarização da pauta de exportações. Enfim, de volta para o passado, ao contrário do programa político apresentado pelo sr. Temer.

Nesse processo, destacam-se produtos como a soja, os óleos brutos de petróleo e os minérios de ferro que, em 2019, corresponderam, em conjunto, a 61,3% do total exportado com produtos básicos quando, em 1999, representavam apenas 36,7%. Se a esses produtos somarem-se milho, carne bovina e de frango, farelos e resíduos de extração da soja, café, algodão e minérios de cobre, alcança-se 91,2% do total exportado com produtos básicos, em 2019. A China tem sido o principal destino dessas exportações, saltando de 3,6% do total de produtos básicos, em 1999, para 47,4%, em 2019. No entanto, que não se responsabilize a China por esse caráter colonial de servidão voluntária de nossas elites.

A mineração, cuja síntese mais expressiva se revela no Programa Grande Carajás, é um exemplo emblemático da pilhagem da Amazônia que a reprimarização da pauta de exportação reforçou. O primeiro Decreto-Lei criado especificamente para o programa foi o de n. 1.813, de 24 de novembro de 1980 (Brasil, 1980a), que instituiu um regime especial de incentivos aos empreendimentos integrantes do Programa Grande Carajás (PGC), além de criar uma estrutura institucional especial para geri-lo, qual seja, o Conselho Interministerial do PGC, ligado diretamente à Secretaria de Planejamento da Presidência da República, à época uma ditadura. No mesmo dia foi também lançado o Decreto-Lei n. 85.387 (Brasil, 1980b), que define a composição e a atribuição do Conselho Interministerial criado, concedendo um tratamento especial e preferencial a um conjunto de medidas na região de abrangência do PGC. São 12 itens, valendo destacar a "concessão, arrendamento e titulação de terras públicas", o estabelecimento de "contratos para o fornecimento de energia elétrica" e a "autorização para o funcionamento de empresas de mineração" (Brasil, 1980b). Assim, como se pode notar, em um único dia, portanto, dois decretos criam um regime especial de incentivos e uma estrutura política de exceção, suspendendo as relações institucionais na região, além de conceder garantias de tratamento diferenciado à questão fundiária, energética e de concessão e autorização de lavra dos minérios ao capital transnacional.

Criado por um conjunto de estruturas institucionais e regimes normativos especiais para garantir a sua implantação, o Programa Grande Carajás (PGC) se constitui no sistema norte da empresa Vale, que inclui tanto os projetos de extração mineral como o transporte por ferrovia até o Porto de Itaqui, no Maranhão, para exportação mundial. A extração do ferro em Carajás mostra claramente a curva ascendente da pilhagem no século XXI, com um salto de 53,9 milhões de toneladas, em 2002, para 193,6 milhões de toneladas no ano de 2018, ainda que com um pequeno decréscimo em 2019 (Vale, s.d.). O crescimento da extração de ferro em Carajás, que correspondeu a 33,3% do total exportado pelo Brasil no período 2002-2015 e 46,7% no período 2016-2019, indica um deslocamento da extração da Vale para o seu sistema norte, notadamente após as repercussões negativas dos rompimentos das barragens de Mariana (2015) e Brumadinho (2019), em Minas Gerais.

**Mapa 1: Exportações de Minério de Ferro pelo Porto de Itaqui – MA, em 2018. Geografia dos Proveitos e dos Rejeitos**

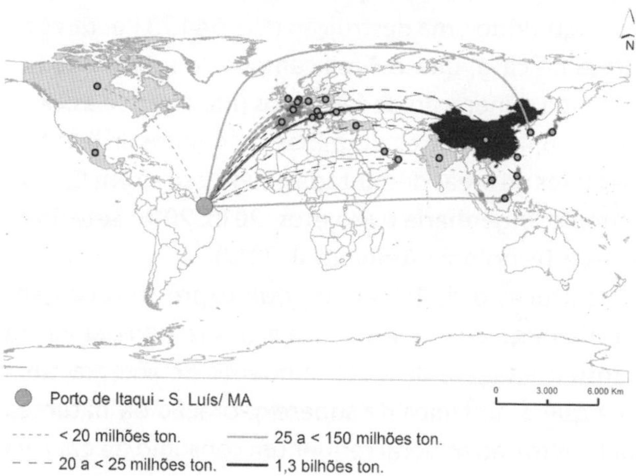


Fonte: Elaboração dos autores a partir de dados de Brasil (2020)

Essa aceleração da pilhagem fica mais clara quando se considera que a Vale alcançou a marca de 1 bilhão de toneladas de minério de ferro extraído de Carajás no ano de 2007, portanto 23 anos após o início das operações, mas antecipando em 18 anos a previsão inicial de que esta marca seria alcançada apenas em 2025. Se a extração do 1° bilhão de toneladas de ferro demorou 23 anos, as projeções dos projetos em execução atualmente pela empresa Vale em Carajás indicam que, nos próximos 22 anos, serão extraídos aproximadamente 6,5 bilhões de toneladas de ferro. Há que se considerar que esse volume de ferro deixará 4,6 bilhões de toneladas de estéril, o rejeito da mineração definido pelo próprio dicionário como algo que não dá frutos, algo improdutivo, infértil, infecundo, configurando uma destruição de 3.644,73 hectares de áreas de cava, quase 4 mil campos de futebol de buracos da mineração de ferro, aos quais irão se associar os 2.136,41 hectares de pilhas de rejeitos, e 4.110,86 hectares de áreas desmatadas, tudo isso só em Carajás (Amplo Engenharia e Projetos, 2010, 2016; Sete Soluções e Tecnologia Ambiental, 2012).

O processo de pilhagem, que expressa uma geografia desigual dos proveitos e dos rejeitos, significa tanto drenagem de matéria quanto de energia, uma vez que a dinâmica de superexploração da natureza pela extração mineral requer um consumo de energia para isso, e o que se exporta, nesses termos, é matéria e energia. Considere-se, ainda, que a própria energia se torna uma *commodity*, como mostram os dados do Anuário Estatístico de Energia Elétrica, produzido pelo Ministério de Minas e Energia (Brasil, 2019a), em que a região Norte, no ano de 2018, que detinha

19% de toda a capacidade instalada de geração de energia elétrica no Brasil, só participou com 6,8% do consumo total, gerando um saldo líquido exportado para outras regiões. A aceleração da pilhagem tanto intensifica a ruptura sociometabólica em direção a um colapso metabólico como impõe relações de exceção que levam ao deslocamento compulsório de milhares de pessoas por Usinas Hidrelétricas (UHE) na Amazônia, como as mais de 23 mil pessoas desalojadas pela UHE de Tucuruí, as mais de 10 mil famílias desalojadas pela UHE de Belo Monte, as cerca de 10 mil famílias desalojadas pelo Complexo Hidrelétrico do Madeira, por meio das UHE de Santo Antônio e Jirau, para ficarmos só com três exemplos.

Esse crescimento das exportações de *commodities* está diretamente associado à expansão/invasão da sua produção para novas fronteiras espaciais com forte impacto no conjunto da Amazônia, na verdade novos *fronts*, conceito do campo militar que designa o espaço em disputa, a guerra, que o termo fronteira, por vezes, naturaliza. As grandes transformações impulsionadas pela mineração e suas infraestruturas de energia e transporte estruturam as condições regionais para a instalação de outras corporações exportadoras de *commodities* agropecuárias, levando à formação de verdadeiros complexos territoriais agrominerais (Michelotti, 2019). Com isso, as disputas pela terra, a dominação territorial, a violência e a devastação se intensificam, não apenas nas áreas diretas de atuação dessas corporações exportadoras, mas também como impulso para mais deslocamentos e formação de novos *fronts* de mercantilização da terra e dos recursos que ela comporta.

A soja, por exemplo, que saltou de uma área colhida em todo o Brasil de 9,5 milhões de hectares, em 1995, para 30,7 milhões de hectares, em 2017, portanto um crescimento na ordem de 223,8%, teve um crescimento mais expressivo em estados que compõem a Amazônia Legal, como no Mato Grosso (409,2%), no Maranhão (970,3%), no Tocantins (10,2 mil %) e Pará (180,5 mil %) (IBGE, 1998; 2019). No extremo sul do Pará, nos municípios de Santana do Araguaia e Santa Maria das Barreiras, numa dessas áreas de avanço/invasão da soja, os envolvidos nesse processo afirmam que a solução definitiva para o barateamento do custo de transporte da produção e consolidação da região como área da soja seria a implantação de projetos de mineração que compensassem os investimentos em uma ferrovia. Este é o papel estruturador da mineração na formação dos complexos territoriais agrominerais.

Ainda no caso da soja, o fato de os estados em que a produção está em crescimento se localizarem nas áreas limítrofes da Amazônia, muitas vezes já bastante desmatadas, tem sido mobilizado pelas forças hegemônicas como justificativa para sua implantação, alegando baixo impacto ambiental. No entanto, esses monocultivos causam profundas alterações sociometabólicas a partir de uma artificialização homogeneizadora de ampla escala e agressividade. Consideremos que, nessas áreas limítrofes, a floresta se encontra em contato com outras formações ecogeográficas em zonas de tensão ecológica (ecótonos), nas quais a diversidade de vida torna-se ainda mais complexa e o conhecimento de detalhe, como o das múltiplas campesinidades, de indígenas e quilombolas, se torna ainda mais relevante.

Além do impacto direto do crescimento do plantio de grãos na Amazônia Legal, especialmente no Mato Grosso, Maranhão, Tocantins e no Pará, a ocupação das terras com essas lavouras vem provocando o deslocamento e a interiorização da pecuária na região. Por isso, entre 1995 e 2017, enquanto o tamanho do rebanho bovino cresceu 81,1% nos estados que compõem a Amazônia Legal, ele foi reduzido em 7,8% nos demais estados. Em relação às áreas de pastagens, no mesmo período, enquanto houve crescimento de 21,1% nos estados que compõem a Amazônia Legal, houve redução de 22,9% nos demais estados.

Os dados do binômio pecuária-pastagens na Amazônia, diferentemente da soja, que cresceu mais significativamente nas suas áreas limítrofes, mostram uma interiorização mais profunda. O rebanho nos estados de Mato Grosso, Tocantins e Maranhão, que, em 1995, representava 66,1% do efetivo bovino dos estados da Amazônia Legal, reduziu sua participação para 56,1%, enquanto o rebanho dos estados do Pará e de Rondônia cresceu de 28,1% para 37,5% no mesmo período. As pastagens desses dois estados passaram de 20,3% para 33,3% do total das pastagens nos estados que compõem a Amazônia Legal. A pecuária, portanto, mantém-se como um significativo vetor de invasão capitalista na região, criando novas *front(eira)s*.

Esse crescimento da produção de *commodities* agrominerais na Amazônia vinculado à reprimarização das exportações brasileiras, bem como à infraestrutura a elas associada, ampliou a pressão para a dominação privada das terras da região. Dados dos censos agropecuários indicam que, enquanto o conjunto do Brasil viu uma ampliação no total das terras contabilizadas como estabelecimentos agropecuários – de 323,9 milhões de hectares em 1975 para 351,3 milhões de hectares em 2017 (aumento de 8,5%) –, os estados que compõem a Amazônia Legal, no mesmo período, passaram de 67 milhões de hectares para 132,4 milhões de hectares (aumento de 97,7%). Esse processo se deu com maior intensidade em dois períodos: entre 1975 e 1985, período da "integração da Amazônia" promovida pela ditadura empresarial-militar, quando as terras totais contabilizadas passaram de 67 para 116 milhões de hectares, portanto, uma espoliação de cerca de 49 milhões de hectares; entre 2006 e 2017, período de "consenso das *commodities*" em regimes "democráticos", com uma nova onda de espoliação da ordem de 15,1 milhões de hectares, levando a que os totais de terras privadas passassem de 117,3 para 132,4 milhões de hectares.

Apesar de esse processo ter sido protagonizado por diferentes agentes sociais, inclusive um grande contingente de camponeses expulsos de outras regiões, ele é marcado pela persistente concentração fundiária. Os estabelecimentos agropecuários menores que 100 hectares, que, em 1975, representavam 90,1% do total, e detinham apenas 12% da área, alteraram muito pouco sua participação em 2017, representando 82,5% do total e 12,7% da área. Ao contrário, os estabelecimentos iguais ou maiores a mil hectares que, em 1975, contabilizavam apenas 0,9% do total, mas detinham 59,2% da área, ampliaram sua participação para 2,4% do número total e 61,1% da área. Em 2017, apenas os maiores estabelecimentos, com área superior a 10 mil hectares, detinham 22,6% da área agropecuária recenseada, apesar de só representarem 0,1% do número total.

Além disso, é sempre bom lembrar que concentração de terras não é somente concentração de área como abstração matemática expressa em hectares, mas sobretudo concentração das condições de reprodução metabólica da vida sem as quais nenhum ser vivo vive, inclusive os humanos. Assim, apartados da terra-água-fotossíntese (fauna-flora), se produzem peões atrás de algum patrão para ganhar a vida na qual a dignidade e a liberdade se veem condicionadas pela submissão.

No entanto, a despeito desse persistente processo de dominação e concentração da terra na Amazônia Legal, a luta de camponeses, povos e comunidades tradicionais pela redistribuição e reconhecimento de direitos territoriais também tem sido uma constante. Especialmente a partir de meados dos anos 1980, na fase final da ditadura empresarial-militar, a Amazônia foi uma região privilegiada para se observar o que Medeiros (2010) apontou como a emergência de um novo ciclo de lutas sociais no campo; ciclo este que não apenas recolocou a questão da terra e da reforma agrária em destaque, mas também agregou novos temas e novos repertórios de ação e r-existência, a partir da mobilização de diversas categorias sociais, como os sem-terra, os atingidos por barragens, os seringueiros, as quebradeiras de coco babaçu, os quilombolas, além dos povos indígenas.

Foi nesse contexto que, ao longo dos anos 1990, se deu um processo de "virada territorial" na Amazônia, entendido como uma ampla e heterogênea demarcação e titulação de terras pleiteadas por povos e comunidades tradicionais, com base na politização de sua vida cotidiana e das suas formas de uso da terra e, portanto, na relação entre identidade social e territorial (Acselrad, 2012). Nesse período, também ocorreu um significativo processo de apropriação e reconhecimento de terras de posseiros e camponeses sem-terra na forma de assentamentos rurais vinculados ao Programa Nacional de Reforma Agrária.

Frente a essas conquistas populares, as novas ondas de espoliação, desde a virada do século XXI, não apenas se relacionam à expansão/invasão clássica de movimentos de fronteira sobre terras difusamente ocupadas por povos e comunidades tradicionais, mas também sobre as terras legalmente atribuídas a esses grupos sociais. É nesse contexto de expansão do agronegócio que Almeida (2010) constrói o conceito de agroestratégias, entendido como um conjunto de mecanismos concretos voltados a remover qualquer obstáculo à mercantilização da terra e sua incorporação no mercado, inclusive aquelas destinadas aos povos e comunidades tradicionais, bem como assentados de reforma agrária.

Essas agroestratégias, para o autor, tratam de um conjunto heterogêneo de discursos, mecanismos jurídico-formais e ações práticas, sustentadas por agências multilaterais como o Bird, FMI, OMC, conglomerados financeiros, entidades representativas do setor empresarial rural e órgãos de governo, que se expressam por meio de estudos governamentais e relatórios de consultorias, campanhas midiáticas, algumas ONGs e textos acadêmicos que legitimam a expansão do agro-mínero-hidro-bio-carbono-negócio.

Como indica a participação desses organismos multilaterais e grandes corporações transnacionais nesse arranjo, esse fenômeno não é específico do Brasil, tratando-se de um processo mundial de corridas por terras que tem sido denominado *land grabbing* ou *acaparamiento de tierras*. Sauer e Borras Jr. (2016) veem certa dificuldade na tradução desses termos para o português, não apenas por questões semânticas, mas pela disputa de sentido político que a tradução encerra. Diferentemente de 'estrangeirização das terras', como indicam certas traduções, os autores propõem "apropriação de terras", termo mais bem relacionado com os conceitos de acumulação e expropriação/

espoliação de terras, mas também dos bens naturais que estas contêm (água, minérios e biodiversidade).

O fundamental, nessa perspectiva, é reconhecer que a apropriação das terras, especialmente na América Latina, está relacionada a três fatores inter-relacionados: a concentração do controle da terra, que permite mudanças nas formas de uso e no seu significado; a transferência de controle em grande escala, não só em termos de área física, mas de capital envolvido; e a vinculação aos imperativos da acumulação de capital (Borras Jr *et al.*, 2013). Trata-se, portanto, de controle político sobre as terras e bens da natureza articulados às estratégias mundiais e nacionais de acumulação.

Observar a disputa pela dominação privada da terra e das condições de produção/reprodução metabólicas da vida como parte dos processos de controle político e acumulação à escala mundial desloca a análise da terra em si para a dimensão propriamente territorial. Nessa dimensão, ganham evidências o papel das grandes corporações mundiais na estruturação do agro-mínero-hidro-bio-carbono-negócio, bem como as infraestruturas que viabilizam os fluxos e interconexões entre os territórios amazônicos e os circuitos mundiais de acumulação e poder.

Independentemente de quem seja o produtor direto das *commodities* agropecuárias na Amazônia, grandes fazendeiros ou grandes empresas, é preciso se ter em mente que, no cenário atual, sua expansão é estruturada por grandes corporações do agronegócio. Por isso, o agronegócio regional não pode ser compreendido sem as suas conexões com uma ampla gama de setores econômicos ligados ao financiamento, suporte técnico, fornecimento de insumos, transporte, comercialização e processamento, que são cada vez mais controlados por grupos oligopólicos globalizados. O *Atlas do agronegócio* fornece uma série de dados sobre essas articulações (Santos e Glass, 2018).

Um mapeamento do poder corporativo nas cadeias alimentares, publicado pelo Grupo ETC (2019) com base em dados de 2018, indica uma elevada concentração nos principais setores que compõem o agronegócio mundial. Como exemplo, a análise da participação das seis maiores empresas, no mercado formal de 2018, foi de 57,8% no caso das sementes, 78% no caso dos agroquímicos, 40,7% no caso dos fertilizantes sintéticos, 51,8% das máquinas agrícolas.

Essa concentração do controle dos setores que compõem o agronegócio mundial por algumas poucas empresas, cada vez maior em função das frequentes fusões e aquisições entre elas, de acordos formais ou informais ou ainda pelo fato de que há financiamentos massivos feitos por empresas de gestão de fundos em corporações que deveriam ser competidores entre si, criam verdadeiros 'oligopólios entrelaçados' que controlam desde o mercado de sementes até os supermercados de alimentos (Grupo ETC, 2019). O princípio elementar da liberdade de escolha, tão brandido pelo pensamento liberal, se mostra uma piada de mau gosto no amplo sentido da expressão, inclusive pelo gosto duvidoso dos alimentos que daí advém e da violência que subjaz.

Por isso, não se pode pensar a expansão da soja na Amazônia sem desconsiderar o papel estruturante das gigantes do fornecimento de sementes e insumos, como Bayer/Monsanto, Syngenta, Basf, Dow Química, Du Pont ou *tradings* como ADM, Bunge, Cargill, Louis Dreyfus. Tampouco se pode pensar na expansão da pecuária sem o poder estruturante dos frigoríficos ligados à JBS e Marfrig. A participação ativa dessas grandes corporações na expansão do agronegócio na Amazônia viabiliza a conexão de seus processos mais localizados, como a apropriação das terras e a organização da produção e comercialização, com a circulação dos produtos em escala global. Para tanto, torna-se imprescindível a implantação de infraestrutura de comunicação, energia e logística que viabiliza esses fluxos.

No caso da infraestrutura, é emblemático o megaprojeto Iniciativa de Integração Regional Sul-Americana (IIRSA), formulado ainda na década de 1990, em um contexto de ascensão do neoliberalismo e de atualização da doutrina Monroe, mas mantido e atualizado em todos os governos que os seguiram. A IIRSA expressa com clareza os interesses estratégicos mundiais em torno da dominação de regiões de exportação de bens primários, articulando um complexo de rotas entre centros produtores e consumidores de matérias-primas e recursos estratégicos no mundo em uma perspectiva "centrífuga, extrativa, de expulsão de riqueza para os centros de demanda" (Ceceña; Aguilar; Motto, 2007). Trata-se, nesta perspectiva, de um reordenamento territorial com vistas a refuncionalizar o continente como uma plataforma de guerra, em suas dimensões econômica, comercial e militar, associado à implantação de tratados de livre-comércio e implantação de bases militares. E com adesão ativa, nos moldes da servidão voluntária, das oligarquias regionais/nacionais.

A IIRSA abriu uma perspectiva de profunda reconfiguração geográfica latino-americana que recoloca a disputa pela terra e pelos bens da natureza em termos muito desiguais, dada a assimetria de poderes dos agentes envolvidos. Na Amazônia, onde estão cinco de seus dez eixos de integração, trata-se de um megaprojeto que estrutura vários megaprojetos com graus de impactos sociais e ambientais sem igual, seja pela magnitude dos investimentos, seja pelo nível de coordenação e integração, seja pela ruptura sociometabólica, subordinando o metabolismo comandado pelo Sol, a intensa fotossíntese, ao poder de transformação do capital financeiro-industrial globalizado. Considerando o significado que a Amazônia tem para o metabolismo global, essa ofensiva de destruição da região e de seus povos, portadores de outros paradigmas baseados na reprodução da vida em sua indissociabilidade humanidade/natureza, vai muito além de uma problemática regional e nos coloca diante de uma verdadeira encruzilhada civilizatória (Porto-Gonçalves, 2017).

Pela sua complexidade, não se pode imaginar um megaprojeto como a IIRSA, tampouco suas traduções nacionais incluídas em planos governamentais, como o Programa Avança Brasil do governo FHC, o Programa de Aceleração do Crescimento dos governos petistas ou o Programa de Parceria de Investimentos criado no governo Temer e continuado no governo atual, como um plano objetivo que se implementa exatamente como apresentado. Sua implementação, em ritmo mais ou menos veloz, é sujeita ao que Santos (2019) chamou de "guerra das rotas", uma disputa pelo traçado específico da infraestrutura logística em função das divergências entre diferentes interesses de grupos políticos e econômicos locais, de unidades federativas e governo federal, de corporações mundiais e interesses geopolíticos. Isso se dá tanto em função dos objetivos mais gerais do projeto quanto das possibilidades de ganhos dos poderes oligárquicos a eles articulados, via apropriação de terras e especulação fundiária, mas também, em função da resistência aos megaprojetos que povos e comunidades impactados conseguem imprimir.

Nessas disputas em torno da implantação da infraestrutura logística prevalecem grandes interesses capitalistas em conectar novos lugares aos circuitos de acumulação, garantindo, simultaneamente, expansão produtiva de *commodities* e redução de tempo e custos de circulação pelo aumento da escala da produção/transporte. Mas, como enfatizado por Santos (2019), também incidem interesses geopolíticos das grandes potências mundiais em busca de assegurar rotas estáveis e prioritárias de suprimento de mercadorias estratégicas, bem como destinos para investimentos de seus capitais sobreacumulados, combinando interesses de dominação territorial e de acumulação de capital.

O fundamental desta reflexão é perceber que o domínio de territórios estratégicos para a reprodução do capital é parte central da acumulação de riqueza e exercício do poder e, portanto, da produção da hegemonia no sistema-mundo. Esses territórios estratégicos referem-se aos espaços nos quais se concentram a produção de tecnologia de ponta, a produção de elementos básicos para o aparato produtivo e a produção de elementos básicos para a reprodução da força de trabalho (Ceceña e Barreda, 1995).

Nesta perspectiva, o Brasil, como um todo, e a Amazônia, de forma especial – dadas as possibilidades de produção de minérios básicos e estratégicos, alimentos e matérias-primas agrícolas, água e energia, biodiversidade/biopiratatia (incluindo os saberes sobre ela/ etnobiopiratatia) – se torna um território estratégico para a hegemonia mundial, em um contexto de reconhecimento pelo capital dos limites dos progressos industriais de substituição da natureza pela produção de sintéticos (Ceceña, 2016). Por isso, para esta autora, o séc. XXI tem mostrado uma crescente importância da revalorização de territórios e dos bens que estes contêm como fonte de riqueza e de poder, o que atualiza as dinâmicas coloniais marcadas pela violência de suas conquistas territoriais moderno-coloniais e que chamam de acumulação primitiva. Aliás, esclareça-se, a acumulação primitiva é o lado perverso da acumulação civilizada e inseparável dela.

Em síntese, a densidade do presente em que vivemos, vista a partir da Amazônia, revela como aquilo que sempre foi considerado marginal e secundário na dinâmica de acumulação, ou seja, as fronteiras para onde o capitalismo se desloca são estruturantes e permanentes em uma dinâmica econômica que não funciona sem autoritarismo e violência, como uma máquina de destruição de territórios de vida. Os tempos que, como dizem, nos levam ao futuro e que encarnam espaços que, como se vendem, seriam modernos, em realidade, são apenas a casca de uma fruta podre. Isto porque se erguem sobre os escombros de múltiplos mundos despedaçados por uma colonialidade constitutiva da modernidade, em uma persistente espoliação como ataque sistemático ao que é comum, um alargamento dos massacres daqueles considerados diferentes e um colapso metabólico tão tristemente ilustrado pelo céu de São Paulo encoberto pelas queimadas na Amazônia.

A escolha pela exportação das *commodities* – que atravessou distintas bandeiras partidárias, de esquerda à direita, e fez do ataque sistemático à Amazônia e aos seus povos uma razão de Estado (vide caso Belo Monte) – não apenas permanece e se aprofunda com a regressão conservadora em curso no mundo, com destaque para o Brasil e os EEUU, como nos levou ao seu encontro.

Há na escolha pelas *commodities* as linhas de força do pulo sem asas ao abismo em que nos encontramos, uma vez que essa escolha carrega as bases do discurso que elegeram o novo governo brasileiro em 2018: uma total irrelevância dada às vidas permanentemente despedaçadas pela apropriação privada da terra e dos bens da natureza; seu modo colonial de tratamento às diferenças; uma noção instrumental e pragmática da natureza como obstáculo; e um modo autoritário, centralizado e antidemocrático de tomada de decisões (Malheiro; Cruz, 2019).

## A regressão conservadora e a "nova" ofensiva contra a Amazônia e seus povos: agroestratégias e militarização

A atual ofensiva contra a Amazônia e seus povos, embora apresente alguns rearranjos e torne mais explícita a violência que carrega, não parece novidade em relação ao projeto que atravessa governos e bandeiras partidárias das últimas décadas. Trata-se do consenso das *commodities*: o pacto de poder em torno do agro-mínero-hidro-bio-carbono-negócio e das exportações de *commodities*. Revela, em última instância, a oposição do atual bloco no poder, que se constituiu desde os anos 1990 sob hegemonia rentista, a qualquer projeto de acumulação capitalista impulsionada pela industrialização do país, com suas promessas de desenvolvimento e inclusão social sempre bloqueadas por nossa condição periférico-dependente no sistema-mundo capitalista moderno-colonial (Marini, 1990/1973).

O reconhecimento de que a base da acumulação de riqueza e o exercício do poder no Brasil sustentam-se fundamentalmente pela combinação de rentismo financeiro e exportação de *commodities* explica a opção pelo liberalismo autoritário bem representado pela atual regressão conservadora, orientado pela espoliação, pela superexploração do trabalho e da natureza, pela regressão de direitos, pela flexibilização/adaptação do Estado diretamente pelo capital e pelo controle autoritário por meio de uma necropolítica em que as grandes massas tornam-se descartáveis. Mais do que um arranjo interno, parece tratar-se de um laboratório em larga escala, de um experimento testado em um país de importância global, de uma nova colonialidade ajustada a um capitalismo cada vez mais excludente e autoritário. (Mbembe, 2018)

Henri Acselrad, em debate promovido pela Sociedade Brasileira de Sociologia (SBS, 2020), sugere que o projeto bolsonarista de liberalismo autoritário implica uma agenda de transferência de poder vinculada ao ataque ao caráter público do Estado, inclusive rompendo com a perspectiva de políticas sociais contrainsurrecionais proposta pelo Banco Mundial. O controle da revolta social, nessa perspectiva, desloca-se de uma gestão via políticas públicas para uma gestão autoritária e militarizada. Nessa mesma direção, Luís Felipe Miguel e Vladimir Safatle, em debate no podcast "O Brasil depois do fim, "no *site* A Terra é Redonda (7/7/20), indicam que o eixo central que articula todas as forças sociais em torno do bolsonarismo é gerir o país sem nenhuma concessão ao campo popular/de esquerda, por isso, explicitamente autoritária. No entanto, o autoritarismo não se restringe a uma repressão hierarquizada a partir das forças militares institucionalizadas, mas envolve a inclusão de parcela da população pela violência, via milícias e armamento privado, configurando um projeto de extrema-direita com base de apoio popular. Todos esses autores, assim como Paulo Arantes e Renato Lessa, em debate mediado por Camila Rocha no 2º Simpósio Direitas no Poder (IFCH/Unicamp, 3/6/20), concordam que o Brasil transformou-se em um laboratório mundial de um liberalismo autoritário, em um país extremamente complexo e de importância mundial, como desdobramento regressivo da crise geral do capitalismo e sua crescente impossibilidade de incluir parcelas significativas da população mundial.

O eixo mais visível em torno do qual se articula essa regressão conservadora na Amazônia é a apropriação privada da terra e dos bens da natureza que esta comporta ou, poderíamos dizer, são os arranjos em torno de um processo de territorialização que interdita a possibilidade de realização da vida. Entretanto, embora esses arranjos tenham se tornado hegemônicos e se transformado em razão de Estado com a escolha das *commodities* em detrimento da vida, é bom situar aqui, antes de descrevê-lo, que ele representa só uma de, pelo menos, três perspectivas distintas sobre a questão da terra e território que estão em disputa na atualidade.

A primeira dessas perspectivas tem como base a necessidade de democratização do acesso à terra, garantindo o reconhecimento de territórios tradicionalmente ocupados e a realização da reforma agrária popular, privilegiando a terra para os povos e comunidades do campo. A segunda tem como base a governança sobre as terras, privilegiando a legalização da estrutura fundiária existente, acrescida de certa regulação institucional pelo Estado e forças de mercado sobre as terras e seus usos. A terceira, que predomina na perspectiva do governo atual e das forças que lhe dão sustentação, é a de desregulação total das terras e das suas formas de uso, liberando seu controle às forças de mercado e à violência privada, o que pode ser explicado por dois processos integrados: um rearranjo ofensivo nas agroestratégias e a militarização como tecnologia política para garantir a espoliação.

A posição de movimentos sociais do campo é ilustrativa da primeira perspectiva. A Via Campesina e os movimentos sociais que a integram, por exemplo, defendem uma reforma agrária integral e popular que tem como objetivo maior a transformação do processo agrário e alimentar em curso e a interrupção da mercantilização das terras, das águas e dos bens da natureza. Nessa perspectiva, que será aprofundada no quarto capítulo, a luta pela reforma agrária se amplia da distribuição da terra para a defesa ou reconstrução dos territórios, incluindo todos os elementos que levam a uma produção agroecológica, à soberania alimentar e à dignidade dos povos. Reconhecendo os limites dos governos, mesmo aqueles considerados progressistas, para impulsionar esses processos, a proposta de reforma agrária integral e popular aposta no protagonismo dos próprios movimentos sociais (La Via Campesina, 2017). Essa posição não significa uma ilusão de que o Estado não tenha importância, mas dada a profundidade da captura do Estado pelos interesses do capital na experiência neoliberal em curso (eufemisticamente chamado mercado), significa a afirmação de uma relação com o Estado que não seja passiva e que, diferentemente das experiências do socialismo realmente existente no século XX, que mais valorizaram o Estado do que a sociedade, assuma o desafio do controle democrático das instituições.

Na mesma direção, manifestaram-se os povos indígenas que se reuniram em janeiro de 2020 na aldeia Piaraçu, sob a liderança do cacique Raoni, indignados não apenas pela forma desrespeitosa com que este foi tratado pelo então presidente na Assembleia da ONU de 2019, mas por toda a ofensiva política do governo contra os povos indígenas. Na carta produzida nesse encontro, os representantes dos 45 povos indígenas presentes reafirmam que eles não são apenas defensores do meio ambiente, são defensores de outro horizonte de sentido para a vida, por isso a destruição das florestas e das águas são a sua destruição como povos. Sua longa história, anterior ao próprio Brasil, os ensinou a produzir sem destruir, a reconhecer a riqueza de seus territórios não pelo valor monetário, mas pela vida (Manifesto do Piaraçu, 2020). Dessa forma, afirmam seu protagonismo como povos da floresta e sua liderança política como defensores da Amazônia, como vêm demonstrando as inúmeras ações protagonizadas pelas articulações de povos indígenas em aliança com os demais povos amazônidas.

A segunda perspectiva sobre a terra na Amazônia difere da primeira porque apoia a mercantilização das terras, apostando na regulação do mercado de terras por meios institucionais como caminho para um uso mais sustentável. Essa posição, compartilhada por setores da academia e de ONGs cujas bases teóricas podem ser vistas em FAO/SEAD (2017), desdobra-se, no caso Amazônico, na tese de que as modernas empresas do agronegócio, atuando em um ambiente institucionalmente legalizado e regulado, tendem a adotar tecnologias intensivas de uso da terra que podem levar a uma economia baseada no conhecimento da natureza e de seus serviços ambientais (Abramovay, 2019), capaz de evitar novos desmatamentos. Nessa perspectiva, reconhece-se a importância da demarcação das terras tradicionalmente ocupadas e do diálogo com seus povos e comunidades, porém retira-lhes o protagonismo da posição anterior. Os limites dessa perspectiva serão aprofundados no terceiro capítulo.

A terceira perspectiva, que ganhou força com a ruptura política desde 2015 e do *impeachment* de 2016, é a que defende não apenas a privatização e a mercantilização total das terras, como também a sua ampla desregulamentação, seja em relação à sua comercialização, inclusive para estrangeiros, seja em relação ao seu uso, reduzindo ao máximo as normativas e fiscalizações trabalhistas e ambientais. No atual governo, esta perspectiva tem se pautado a partir de três linhas de atuação: 1) a fragilização do poder governamental de fiscalização agrária, trabalhista e ambiental e da mediação de conflitos; 2) a deslegitimação dos processos de criação, reconhecimento e defesa de áreas ambientalmente protegidas e de área destinadas a povos e comunidades tradicionais e à reforma agrária; e, por último, 3) a legalização da apropriação privada das terras públicas feitas à margem da lei e contra os povos que ali habitam, cuja obrigação legal é a restituição dessas áreas em posse real de uso há séculos ou mesmo milênios.

Em síntese, essa lógica de pensar a terra é, em realidade, uma racionalidade de governo do território, na qual dois dispositivos políticos se articulam: um primeiro, que se expressa pelo rearranjo ofensivo das agroestratégias, conceito já discutido anteriormente; o segundo, caracterizado pela militarização como uma racionalidade política para viabilizar a espoliação.

O rearranjo ofensivo das agroestratégias tem se efetivado por um incontável número de ações na direção da extinção ou redirecionamento dos órgãos do Executivo e suas respectivas políticas por meio da indicação de gestores afinados à estratégia do atual governo; pelo esvaziamento da participação de representação da sociedade civil; por uma sistemática redução orçamentária; e por distintas propostas de alteração da legislação.

O caso do Ministério do Meio Ambiente é emblemático. Chegando a anunciar sua extinção e incorporação ao Ministério da Agricultura, o governo voltou atrás, mas indicou Ricardo Salles para a pasta, um ex-secretário de Meio Ambiente de São Paulo sob investigação por fraude ambiental e conhecido por discursos de ódio contra o MST. Além da redução formal do escopo do órgão, a ação do ministério passou a ser de esvaziamento de sua atuação, ficando marcada a fala de Salles na reunião ministerial de 22 de abril de 2020, tornada pública no âmbito de um processo contra o governo, de que, com a atenção da sociedade e da imprensa concentrada na pandemia da Covid-19, era o momento ideal para fazer "passar a boiada" da desregulamentação ambiental (Nicolav, 2020). A desproteção ambiental tornou-se tão explícita que, em julho de 2020, o Ministério Público Federal (MPF) entrou com ação de improbidade administrativa contra o ministro por "desestruturação dolosa das estruturas de proteção ao meio ambiente", pedindo não apenas seu afastamento do cargo em caráter urgente, como sua condenação legal (MPF, 2020).

No caso das mudanças legislativas, merece destaque a promulgação da MP 910/2019, posteriormente transformada na PL n. 2633/2020, que busca criar novas regras para a regularização fundiária que aprofundam ainda mais as perspectivas já introduzidas com as Leis n. 952/2009 e n. 13.465/2017. Para Sauer *et al.* (2019), essa medida provisória, publicada junto aos decretos n. 10.165 e n. 10.166, amplia e aprofunda as possibilidades de regularização da grilagem de terras em todo o território nacional, ampliando a área máxima a ser regularizada, dispensando vistoria e fiscalização governamental e alteração do marco temporal para comprovação das ocupações ilegais.

Na mesma direção de facilitação das frentes de espoliação, mas com foco específico sobre as terras indígenas, o governo Bolsonaro buscou implementar algumas medidas visando alterar a política indigenista brasileira. Logo no início do seu mandato, em 2019, o governo federal buscou transferir a Funai e o Conselho Nacional de Política Indigenista do Ministério da Justiça para o Ministério da Mulher, da Família e dos Direitos Humanos, comandado por representantes das igrejas neopentecostais, e as atribuições de demarcação de terras indígenas ao Ministério da Agricultura, comandado por representantes da bancada ruralista. Apesar dessas medidas, em parte, terem sido barradas no Legislativo sob forte pressão de indígenas e seus apoiadores na sociedade civil, o ataque aos direitos territoriais indígenas permaneceram, sendo o mais recente a entrega pelo Executivo ao Legislativo do Projeto de Lei 191/2020, que, entre outras medidas, prevê a liberação de exploração mineral e de petróleo e gás, a produção de energia hidroelétrica nas terras indígenas, bem como seu arrendamento para agricultura e pecuária patronal.

Esse conjunto de ações por parte do governo tem impulsionado não apenas a destruição ambiental, mas também a violência agrária. No período entre 2016 e

2019, a Comissão Pastoral da Terra (CPT) registrou 2.693 conflitos por terra contra famílias do campo nos estados que compõem a Amazônia Legal, o que inclui ações e ameaças de despejo, expulsão, destruição de bens ou pistolagem, representando um aumento de 49,7% em relação aos quatro anos anteriores. Os assassinatos decorrentes dos conflitos no campo nesses estados passaram de 112, entre 2012 e 2015, para 155, de 2015/2016 a 2019, um aumento de 38,4% (CPT, 2020). Esse período de 2015/1206 é justamente o da ruptura política que começou com a desestabilização do governo eleito em 2014 até o *impeachment* de Dilma Rousseff (2016), o *impeachment preventivo* de Lula da Silva, conforme expressão de Renato Lessa (Instituto de Filosofia e Ciências Humanas/Unicamp, 3/6/2020), e a eleição (2018) e posse (2019) de Jair Messias Bolsonaro. Ou seja, a violência institucional expressava no *Planalto* a violência que se cometia na *planície.*

Os interesses privados em torno do agronegócio e do mineral-negócio que estão por trás desta ofensiva do atual governo não são uma novidade, uma vez que já vinham se manifestando com força desde o final dos anos 1990, mas indicam um fortalecimento das forças mais agressivas articuladas em torno da União Democrática Ruralista (UDR), como revela a importância política alcançada pelo seu ex-presidente Nabhan Garcia Júnior, atual secretário de Assuntos Fundiários, e responsável pela política de destinação das terras públicas federais e titulação dos assentamentos de reforma agrária.

Associada a essa ofensiva das agroestratégias, um fato relativamente novo tem emergido: a participação muito mais ativa de militares no governo. Essa participação, associada a uma racionalidade militar de defesa da propriedade privada, indica um processo de remilitarização da questão amazônica que não é inédito, como nos lembram os exemplos do Gebam, Getat e Projeto Calha Norte.

Uma sinalização importante nesta direção foi a transferência do Conselho Nacional da Amazônia, antes sediado no Ministério do Meio Ambiente, em que estava desde 1995, para a vice-presidência, a cargo do general Mourão. Além de incorporar atribuições fiscalizatórias que anteriormente eram do Instituto Brasileiro do Meio Ambiente e dos Recursos Naturais Renováveis (Ibama), esta transferência implicou em mudança na composição do conselho e em suas comissões que, excluindo governadores e representantes de povos e comunidades indígenas e tradicionais, passou a ser majoritariamente ocupado por militares e agentes da Polícia Federal. Em nome da soberania nacional, as vísceras abertas da Amazônia foram escancaradas aos capitais transnacionais.

No contexto da repercussão negativa do aumento do desmatamento e das queimadas em 2019, o governo autorizou, por meio do decreto n. 9.985 de 23/08/2019, o emprego das Forças Armadas como forças auxiliares no combate às queimadas e ao desmatamento. Em maio de 2020, publicou novo decreto de n. 10.341 com esse mesmo teor, porém com uma diferença fundamental, apontada em matéria do jornal *Folha de S.Paulo*: as Forças Armadas, que eram auxiliares dos órgãos de fiscalização ambiental, passaram a assumir o comando das operações, subordinando os demais órgãos. A ênfase nessa operação, chamada Verde Brasil, tem atuação direta do vice-presidente general Mourão, que tem sugerido a necessidade de sua prorrogação até o final do atual governo, a despeito das críticas recebidas pelos seus gastos, formas de atuação e resultados, com o aumento dos alertas de desmatamento emitidos pelo Inpe nos meses de sua vigência (Preite Sobrinho, 2020).

Estudo do Inesc indica que, na contramão das restrições orçamentárias que têm atingido a maior parte dos órgãos federais, o Ministério da Defesa, desde 2015 e, especialmente, no governo atual, tem ampliado sua execução orçamentária. Parte importante desse orçamento tem sido destinado ao que o Inesc chama de "militarização da política socioambiental da Amazônia", que inclui o Projeto Sipam, Operações GLO (Garantia de Lei e Ordem), Combate a Ilícitos, Assistência Emergencial e Acolhimento Humanitário a pessoas advindas da Venezuela e infraestrutura básica nos municípios da Calha Norte. Em relação à prevenção, fiscalização e combate aos incêndios florestais na Amazônia, houve a centralização no Ministério da Defesa de 84% dos recursos extraordinários repassados ao governo federal pela Petrobras, a partir de acordo anticorrupção no âmbito da Operação Lava-Jato, o que reforça a centralidade das Operações GLO e a baixa prioridade dada aos órgãos setoriais como Ibama, ICMBio, Incra e Funai (Cardoso *et al.*, 2020).

A preocupação atual dos militares com a Amazônia pode ser entendida a partir de manifestações críticas de alguns de seus expoentes sobre as diretrizes estratégicas das gestões governamentais desde a Constituição de 1988. Pode-se tomar como exemplo o Caderno De Estudos Estratégicos n. 12, publicado pela Escola Superior de Guerra em 2013, alusivo aos 100 anos do nascimento do general Carlos de Meira Mattos, que trouxe uma série de artigos sobre a vida e o pensamento deste militar. Um desses artigos, escrito pelo general Eduardo Villas Bôas, que posteriormente assumiria o comando-geral do Exército Brasileiro e se tornaria um grande afiançador do governo atual, trata especificamente da Amazônia, resgatando e atualizando os elementos-chave do livro *Uma geopolítica pan-amazônica*, publicado por Meira Mattos em 1980. Uma das principais críticas da leitura de Villas Bôas (2013), a partir desse resgate, é que a dimensão geopolítica da Amazônia estava sendo ignorada nas ações governamentais da época, seja em relação aos planos de desenvolvimento interno, seja na ação coletiva junto aos países sul-americanos.

A dimensão geopolítica, na visão do general, está diretamente relacionada à importância que a Amazônia representa para a dimensão continental brasileira e seus desdobramentos na construção da identidade e autoestima nacional, o que implica a centralidade de uma preservação da integralidade desse território desde o controle estatal e não desde os seus povos. Além disso, a Amazônia, pela sua posição geográfica e riqueza de recursos naturais, coloca-se como pilar da soberania nacional, da posição de mais alto poder regional e liderança sul-americana e do papel de gestor de um dos mais importantes ecossistemas do mundo, colocando como prioridade tanto a atuação decisiva do Brasil na Organização do Tratado de Cooperação Amazônica quanto o avanço da integração nacional da região amazônica, que, na visão do general, continua inacabada. Nesse ponto, suas críticas recaem sobre a negligência e incapacidade dos governos recentes de executar planos estratégicos continuados, inexistentes desde os grandes projetos dos anos 1960-1970, cujos problemas apresentados não teriam sido decorrentes de sua concepção original, mas de sua incompletude face à crise econômica dos anos 1980, agravados pelo "ambientalismo" que se seguiu e que, com suas armadilhas vinculadas ao pensamento politicamente correto, colocou-se como oposição ao desenvolvimento e à integração regional.

Ao contrário dessa posição, que ignora o que pensam os povos amazônidas, caberia mencionar a visão política de um dos maiores expoentes da luta desses povos, o acreano Chico Mendes, que costumava afirmar que se se quisesse, de verdade, defender a Amazônia, que contasse com os acreanos, e com os seringueiros em particular, que se orgulham de ocuparem a única porção do território brasileiro que não foi uma herança colonial portuguesa, mas sim uma conquista de trabalhadores brasileiros que ali chegaram para cortar seringa.

A estratégia geopolítica dos militares, fortalecidos pós-ruptura política de 2015-2016, tem sido apontada por diversos analistas como um realinhamento irrestrito aos EUA e seus interesses no continente em um contexto de acirramento da disputa geopolítica mundial, rompendo com as perspectivas anteriores de diversificação de alianças internacionais e fortalecimento de um mundo multipolar (Crise..., 2020). Nessa perspectiva, as Forças Armadas brasileiras, desde o governo Temer, vêm intensificando os acordos de cooperação com os EUA para um amplo espectro de operações conjuntas na Amazônia, em especial em sua fronteira norte; operações estas que fazem parte de uma ampla estratégia estadunidense de reafirmação de sua dominação do continente em um contexto de acirramento das disputas com China e Rússia, o que inclui o cerco à Venezuela (Ceceña; Barrios, 2017; Ceceña, 2019).

Pela primeira vez em toda a história dos países sul-americanos, os Estados Unidos ampliam sua fronteira sul para além do Caribe, o que já vinham fazendo desde 1903, ao apoiarem a secessão do território do Panamá à Colômbia e, mais recentemente, com a presença direta estadunidense nesse país em nome do combate ao terrorismo e ao narcotráfico, novos princípios da política externa pós-queda do socialismo real. O Brasil, desde o século XIX, vinha mostrando uma política externa inteligente e relativamente soberana com relação à Amazônia, o que parece agora estar sob séria ameaça com o discurso de servidão voluntária.

A sustentação militar da atual perspectiva de alinhamento incondicional aos interesses hegemônicos dos EUA, para Domingos Neto (2019), explica-se pelo reconhecimento da cúpula das Forças Armadas da dependência tecnológica do país, em um mercado mundial de armas e tecnologias que não é plural.

Essas parcerias tecnológicas sempre estiveram presentes entre os objetivos nacionais permanentes das Forças Armadas. É interessante ter em conta a aproximação que o governo brasileiro de Getúlio Vargas, nos anos 1930, manteve com o governo alemão por razões geopolíticas próprias e menos por afinidade ideológica, ainda que ela pudesse existir em algum grau. Afinal, para o Brasil, a aproximação com a Alemanha importava pelo que ela abria de possibilidades de transferência tecnológica. Situação similar se repetiu nos anos 1970, quando o Brasil se apoiou na Alemanha para desenvolver suas plantas nucleares (quando a finalidade militar das tecnologias nucleares ainda não estava descartada) e, nos anos 2000, quando busca a França para o desenvolvimento do submarino nuclear.

O Brasil, em diferentes momentos, soube se mover soberanamente diante dessas situações, como se viu no caso da navegação na Amazônia, no *affair* que envolveu o Acre e, ainda, quando durante a Segunda Guerra Mundial negociou a sua adesão aos Aliados contra o nazismo lhes fornecendo borracha mediante o apoio à criação da Companhia Siderúrgica Nacional, em Volta Redonda, e a criação de uma empresa mista em que o Estado brasileiro tinha o controle acionário, a Cia. Vale do Rio Doce. Note-se que, nesses casos, os aliados estão dentro do espectro político capitalista ocidental, o que certamente contribuiu para que fossem tolerados na medida do possível pelos Estados Unidos, diferentemente do que ocorreu no caso da aproximação com a Venezuela, durante os governos liderados pelo PT, posto que esse país passara a se assumir bolivariano e socialista e se aproximar da Rússia como principal parceira no fornecimento de armas militares, o que escapa dos interesses estadunidenses.

Equipar as Forças Armadas com tecnologias militares, para o atual governo, implica romper com uma tradição soberana e assumir uma relação de subordinação aos fornecedores, o que inclui a "assimilação de princípios ideológicos, valores, orientações doutrinárias e determinações estratégicas da potência fornecedora" (Domingos Neto, 2019, p. 20) e podem levar, inclusive, a tensões com o poder civil no caso de política externa não alinhada. O alinhamento total ao *hegemon*, portanto, é parte intrínseca do abandono de qualquer projeto de autonomia tecnológica subjacente ao rentismo agroexportador. E mais, ao deixar seus objetivos estratégicos associados aos do *hegemon*, o Brasil passa a assumir uma política onde as Forças Armadas se dedicam não mais ao combate de inimigos externos, mas ao controle de inimigos internos.

Ainda segundo Domingos Neto (2019), essa situação fortalece, no conjunto militar, uma busca por modernização, tendo como referência a potência hegemônica, que envolve mudanças, porém sempre tensionada pela preservação da estabilidade e da ordem, o que produz uma visão conservadora de mundo e referenciada na manutenção da estrutura social vigente, colocando como principais inimigos os 'nacionais' que lutam por mudanças sociais. A partir dessas perspectivas, pode-se inferir que a nova militarização da Amazônia revela, simultaneamente, o alinhamento com os interesses hegemônicos dos EUA na América Latina, a visão de necessidade de 'modernização' da região articulada a um padrão tecnológico de controle militar importado, condizente com uma territorialidade capitalista, e a manutenção da estabilidade e da ordem, colocando como principais inimigos os movimentos sociais e povos e comunidades que politizam suas demandas sociais e territorialidades emancipatórias.

Em artigo publicado em uma edição posterior do *Caderno de Estudos Estratégicos* da Escola Superior de Guerra, Villela (2018) retoma as análises de Villas Bôas e explicita a posição de que possíveis agressões internacionais em busca de acesso aos recursos naturais amazônicos são menos preocupantes, em função da sua disponibilização no mercado mundial pela via das exportações, do que os riscos que o ambientalismo-indigenismo implica em relação à perda de soberania sobre significativas áreas territoriais na Amazônia, transformadas em terras indígenas e unidades de conservação, inclusive com o risco de soberania relativa ou limitada em função dos preceitos de autodeterminação dos povos. Nesta perspectiva de soberania pelo controle estatal, e não de soberania popular, o amplo leque de apoio ao ambientalismo-indigenismo torna-se preocupação central e a agenda militar se alia à exploração dos recursos naturais pelas grandes corporações e frações do agronegócio, associando-a à segurança interna via ocupação populacional e desenvolvimento econômico regional, retomando e atualizando sua perspectiva interrompida nos anos 1980.

A série de ações governamentais para a Amazônia deve ser compreendida na somatória das preocupações geopolíticas e de desenvolvimento econômico, incluindo a alteração na política indigenista, o combate às Organizações Não-Governamentais (ONGs) e à Igreja Católica, bem como a retomada, em caráter pouco democrático, de planos de desenvolvimento interrompidos com o fim da ditadura empresarial--militar nos anos 1980, abarcando os interesses das grandes corporações minerais, de logística e do agronegócio regional. Como exemplo, documentos vazados publicados pelo *The Intercept Brasil* mostram as diretrizes estratégicas do Projeto Barão de Rio Branco, do Governo Federal, apresentado em abril de 2019 na sede da Federação da Agricultura e Pecuária do Pará (Faepa), em Belém (Dias, 2019). Este plano prevê a construção de uma hidrelétrica em Oriximiná, uma ponte sobre o rio Amazonas, em Óbidos, e a extensão da BR-163 até o Suriname, com vistas ao deslocamento populacional e à integração econômica da Calha Norte do Pará que, em muitos sentidos, retoma as perspectivas mais gerais do Projeto Calha Norte de meados da década de 1980.

A gênese do Projeto Calha Norte, entre 1985 e 1987, segundo análise de Oliveira (1991), indicava um projeto essencialmente militar elaborado sob forte condição de sigilo e confidencialidade e, portanto, de difícil visualização pública e participação da sociedade civil e de outras instâncias de governo. Com forte impacto, articula perspectivas de ocupação de áreas consideradas como "vazios demográficos", sobretudo em áreas de fronteira, com desenvolvimento econômico, especialmente por meio da mineração, vinculando ainda infraestrutura de energia, transporte e comunicação. Fundamentalmente, o que a experiência anterior aponta como preocupação central, na concepção militar, era assegurar a presença das forças identificadas como "nacionais" e aumentar o controle sobre as populações indígenas, não consideradas como parte da população nacional, e sujeitas a pressões do novo indigenismo nacional e internacional que, a partir do apoio à criação de terras indígenas, visava reduzir a soberania nacional e apontar possíveis fraturas à integridade territorial.

A análise de Oliveira (1991) sobre a gênese e posteriores transformações do Programa Calha Norte indica ainda que, diferentemente de outros planos militares de desenvolvimento da Amazônia, esse se aproximou da estrutura dos grupos executivos, como o Getat e o

Gebam, associando ação militar e política, impondo projetos estratégicos, articulando alianças locais e arbitrando conflitos. Dada a sua proximidade ao núcleo central de poder, mesmo que essas ações contivessem uma delimitação geográfica específica, seus coordenadores buscavam extrapolá-las e influenciar políticas fundiárias e indigenistas de forma mais ampla para o conjunto da região. A vinculação dos atuais projetos diretamente à vice-presidência da República, mais do que a estruturas institucionais formais do Estado para o desenvolvimento da região, indicam os rumos que a remilitarização pretende seguir.

Contra essa perspectiva do pensamento militar, é importante registrar que o protagonismo que os povos indígenas vêm alcançando, sobretudo desde os anos 1990, longe de qualquer perspectiva secessionista territorial, ao contrário, avançou em direção a um Estado plurinacional, como vimos na Bolívia e no Equador, rompendo assim com o colonialismo interno que, sabemos, sobreviveu ao colonialismo subordinado a Portugal, Espanha, França (Guiana), Holanda (Suriname) e Inglaterra (Guiana). Se ameaça houve à integridade territorial de nossos países, o caso mais explícito foi o da tentativa da "República da Soja", ou seja, o agronegócio, de separar a Media Luna (Santa Cruz, Beni e Pando) da Bolívia. Não fora a intervenção da Unasur, hoje desativada em função da aproximação com os EEUU, e estaria aberta a possibilidade de fragmentação territorial como já se fizera presente com a Bolivian Syndicate no início do século que, por pouco, não dera outro destino ao Acre. Enfim, se há ameaças territoriais na Amazônia, nunca foram colocadas pelos povos indígenas ou camponeses, mas sim pelo clássico imperialismo. Aliás, esses povos falam de interculturalidade e não de separação; de Estado plurinacional e não uninacional; de povos brasileiros, ricos em sua diversidade/territorialidade como avançaram nos países sul-americanos citados.

Se a estruturação da militarização da Amazônia se dá a partir das Forças Armadas, seu espraiamento não se restringe a ela, alcançando, no atual governo, uma racionalidade instrumental de defesa da propriedade privada que atravessa distintos grupos/classes sociais. Ela está, portanto, na livre interpretação de instrumentos jurídicos, tais como: o artigo 1210 do Código Civil, lido para legitimação do uso de força na restituição da posse de propriedades; o artigo 932 do Código de Processo Civil, chamado de Interdito Proibitório, usado como preventivo a partir de ameaças implícitas ou explícitas à propriedade; ou mesmo no enquadramento de lideranças de movimentos sociais no código penal, por meio do artigo 345 que versa sobre o exercício arbitrário de suas próprias razões. Ela está, ainda, nas operações de despejo promovidas, via de regra, pela polícia – ou mesmo por milícias que a cada dia ganham mais espaço na cena política – que historicamente se configuraram como situações a partir das quais se processaram massacres, como os de Corumbiara, 1995, de Eldorado dos Carajás, 1996, e de Pau D'Arco, 2017.

A militarização da Amazônia ainda está legitimada politicamente desde que a pauta da violência ganhou, não só com a vitória do atual governo em 2018, mas com o crescimento da chamada "bancada da bala", de 36 parlamentares entre 2015-2018, para 103 (93 deputados federais e 10 senadores) na legislatura de 2019-2022, que se articula às bancadas do boi, da bíblia e dos bancos e representa os interesses do atual bloco de poder dominante no congresso nacional. A militarização é, portanto, uma síntese da subjugação da vida ao poder de morte, essa necropolítica (Mbembe, 2016) que, na Amazônia, tem seu eixo central na imposição da propriedade privada.

Nesse sentido, os indicativos atuais reforçam uma retomada da militarização da questão agrária da Amazônia, que busca articular os interesses do agronegócio regional, das grandes corporações de exportação de *commodities* e dos objetivos de segurança nacional e acúmulo de poder do Brasil como potência regional, em um contexto de alinhamento subordinado aos interesses dos EUA, inclusive militares. Em contrapartida, aponta para uma busca de fragilização e redução da existência de áreas destinadas como Terras Indígenas e de Povos e Comunidades Tradicionais, Unidades de Conservação e Assentamentos de Reforma Agrária, desmobilizando sua autonomia e ampliando o controle tutelar sobre esses grupos/classes sociais com vistas a limitar a construção de suas próprias territorialidades.

O atual cenário amazônico, portanto, revela de forma mais nítida as transformações recentes do Brasil em um laboratório liberal autoritário, em que a afirmação de uma estratégia de acumulação amplamente pautada pela exportação de *commodities* exige a combinação, autoritária, de espoliação e controle da negação do direito à vida para amplas parcelas da população. A magnitude dos processos de espoliação e negação de direitos na Amazônia pode ser lida como uma racionalidade de governo do território sustentada em dois dispositivos de poder, articulados entre si: as agroestratégias e a militarização. Esta inclui a milicianização, e ambos os dispositivos revelam, no entanto, rearranjos em pactos de poder de longa duração entre os donos da terra, os donos do dinheiro e o Estado na Amazônia. São pactos que vêm impondo, ao longo da história, uma colonialidade do poder que não apenas nega, pela violência, todos aqueles que são vistos como ameaça à ordem estabelecida, como os povos e as comunidades do campo, mas, especialmente, os horizontes alternativos que eles representam.

O próximo capítulo se dedica a descortinar os regimes políticos e econômicos que, ao longo da história amazônica desde a colonização, lograram imprimir um padrão moderno-colonial de espoliação na região, subjugando povos e atualizando pactos de poder hegemônicos. São leituras necessárias para o reconhecimento dos dispositivos de poder que se cristalizaram nas relações e nos imaginários sobre e na região, fundamentando muitos dos processos atuais de espoliação, e que, portanto, devem ser enfrentados para se avançar em uma perspectiva emancipatória.

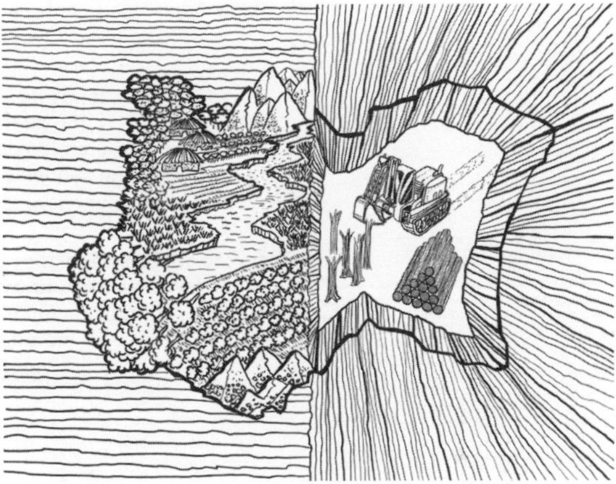

# DAS RUÍNAS DA COLONIZAÇÃO ÀS MARCAS DA COLONIALIDADE: A FORMAÇÃO MODERNO-COLONIAL AMAZÔNICA

O Estado Colonial Brasileiro nasceu
sem a Amazônia e contra a Amazônia.

*Charles Trocate*

Na cidade, longe da vila, quanta
noite de champanhe,
espremido do suor e do
sangue daqueles caboclos...

Marajó, *Dalcídio Jurandir*

Quem são vocês, incendiários de sempre,
ferozes construtores de ruínas?
Os que queimam, impunes,
a morada ancestral.

*Milton Hatoum*

Nunca há um documento da cultura que não seja, ao mesmo tempo, um documento da barbárie.

*Walter Benjamin*

E Deus, mesmo, se vier, que venha armado.

*Guimarães Rosa*

Neste capítulo, analisamos a especificidade da formação territorial da Amazônia a partir das ruínas históricas dos diferentes processos de expansão/invasão capitalista na região, em que identificamos a colonialidade constitutiva dos processos de colonização e/ou modernização empreendidos. Traçaremos, ainda que de forma sintética, as linhas de força geo-históricas da barbárie capitalista na Amazônia, entendendo, na esteira de Benjamin (1993), que os documentos de cultura construídos na região são, também e fundamentalmente, documentos de barbárie. Para isso se faz necessário pensar/sentir a história e a geografia a contrapelo, para interromper o cortejo dos vencedores, encadear escombros e fragmentos, retirando o brilho dos objetos, para que se consiga ver ruínas onde, por vezes, só se enxergam grandes construções. Olhar a história e a geografia por ruínas não significa ver unicamente pelo signo da destruição, pois as ruínas também querem demonstrar o que ficou e continua a existir, para que a memória do que se destruiu ou não teve o direito de falar como história, como geografia, ative as lutas do presente, uma vez que "a crítica da violência é a filosofia de sua história" (Benjamin, 2013, p. 155).

Está evidente para nós que os distintos projetos de colonização e modernização da Amazônia são regimes políticos e econômicos de expropriação pela violência, ancorados em relações de dependência regional a dinâmicas e fluxos do capital nacional/internacional. Mas esses projetos são, também, lugares de enunciação, horizontes a partir do qual se olha, referências de compreensão da realidade que só se realizam, como sugere Fanon (1979), porque cortam o mundo em dois, definem duas zonas que obedecem ao princípio da exclusão recíproca. Neste mundo dividido, uma região – a do ser – é perfeitamente definível, pois se vê nos termos do progresso histórico colonizador; mas uma segunda região – a do não ser – tem a própria existência como uma impossibilidade, pois seus corpos, sua magia, seus ritmos e seus modos de compreensão são vistos pelo espelho colonial e, assim, como todo espelho, como imagem invertida.

Num mundo dividido em dois lados, em que um dos lados não tem direito à existência, a violência torna-se a regra histórica, e é por isso que queremos compreender os distintos momentos de expansão das relações capitalistas na Amazônia, descolonizando o olhar geo-histórico dominante para pensar as variações históricas das relações de poder que sustentam os processos de dominação e violência.

## ENTRE O PASTORADO DAS ORDENS RELIGIOSAS, AS GUERRAS JUSTAS E A DOMINAÇÃO DO OURO VERMELHO: A AMAZÔNIA COLONIAL

> Frequentemente, as interpretações sobre a parte brasileira da Amazônia não dão a devida importância a um fato primordial. É que a América Portuguesa não estava constituída por uma única, e sim por duas colônias distintas: a do Brasil, cuja sede permaneceu em Salvador por mais de dois séculos, abrangendo da capitania de São Vicente (São Paulo) ao Ceará, incorporando o litoral, a Mata Atlântica, e se desdobrando para os sertões do rio São Francisco; e a do Mato Grosso e Grão-Pará, cuja sede foi a cidade de Belém, próximo à embocadura do rio Amazonas, tendo como sua hinterlândia toda a região configurada pelo enorme vale deste rio e de seus numerosos afluentes. Não se trata de um detalhe da vida política-administrativa portuguesa, mas a instituição de dois modelos de colonização, com estratégias bastante diferentes de incorporação das populações autóctones e de utilização dos recursos naturais. (Pacheco de Oliveira, 2016, p. 161)

A tese de João Pacheco de Oliveira é potente e importante. Na Amazônia, o extrativismo das chamadas drogas do sertão, com força de trabalho indígena arregimentada por meio da catequese, erigiu uma dinâmica colonial própria e distinta da então usada no Vice-Reino do Brasil. A tese de dois regimes de colonização distintos constitui-se em questão concreta se percebermos que, em 1621, sob ordens de Filipe III de Espanha, quando da União Ibérica entre Portugal e Espanha (1580-1640), a América Portuguesa foi dividida em duas unidades administrativas plenamente autônomas: a primeira, o Estado do Maranhão, que seria a América Portuguesa setentrional, com capital em São Luís, e a segunda, o Estado do Brasil, a parte sul dos domínios ibéricos na América, cuja capital foi Salvador até 1763, quando foi transferida para o Rio de Janeiro.

A existência desses dois regimes de colonização, em realidade, estrutura um modo de ver e entender essa parte setentrional da América portuguesa, depois chamada de Amazônia, como um fora, ou ainda, como um risco à soberania, sobretudo porque sua fisionomia natural e sua diversidade étnica e linguística sempre representarão uma exterioridade ao que vai se definir como a nação. Estamos falando de representações espaciais que carregam imaginários coloniais, sendo o espaço, nesse caso, a região, também um produto de versões da história. Essa não existência da Amazônia em relação ao Brasil atravessará distintos contextos e se tornará uma razão de Estado, ou seja, a exterioridade amazônica interpretada como um risco, sempre entra na política para estar fora, pois faz ver algo absolutamente distinto do que se estabelecerá como Coroa, Império ou República (Malheiro, 2020).

A especificidade do regime colonial próprio da América portuguesa setentrional pode ser lida por um tripé básico que organiza as relações de poder e de produção de riqueza na Amazônia entre os séculos XVII até meados do século XVIII. Esse tripé está assentado: 1) na guerra, como instrumento básico de captura, submissão e extermínio do outro colonizado; 2) no pastorado, como uma arte de conduzir, controlar, manipular, em síntese, como estratégia de exercício do poder das ordens religiosas para catequizar as populações autóctones; e 3) na dominação do ouro vermelho, termo que usou o Padre Antônio Vieira para definir o significado das populações indígenas como a base da produção da riqueza regional (Vieira, 2002; Hemming, 2009). Esse tripé confere aos padres das diferentes missões grande centralidade, uma vez que estes possuíam o monopólio de quase todas as operações que geravam riqueza: da produção e coleta das drogas do sertão, da exploração do trabalho indígena, ao transporte e venda dos bens comercializáveis.

Se o ouro vermelho é o sustentáculo, recurso fundamental, de uma forma específica de produzir riqueza por meio da coleta de produtos na floresta para exportação, o controle das populações amazônicas originárias será a base central do projeto colonial português. Por isso, onde interpretações apressadas e coloniais veem um processo puramente econômico de coleta das drogas do sertão por múltiplas etnias indígenas reunidas em aldeamentos religiosos, é preciso ver a máquina de guerra criada para controle dessas populações e justificadas por simplificações do tipo: índios mansos e índios bravos, amigos e inimigos do Estado, pagãos e cristãos etc. em suas Missões e Reduções.

O controle da força de trabalho indígena era tão necessário ao projeto colonial que o poder pastoral exercido pelas ordens religiosas organizou um regime geográfico de redução territorial e confinamento dos corpos indígenas, expresso nas práticas de descimentos, que nada mais eram que a retirada de grupos étnicos de suas aldeias para serem levados, por meio dos rios, para serem concentrados em um único lugar, chamado de aldeamento, onde diferentes povos/etnias/nacionalidades, despossuídos de seus territórios e das suas comunidades, passariam a conviver com o cotidiano do trabalho forçado e da catequese. Até mesmo uma língua, jamais falada por qualquer povo da Amazônia, foi criada: a língua tapuia.

Entretanto, é preciso dizer que a dominação do ouro vermelho não é apenas um violento controle de braços para o trabalho, mas um processo de expropriação de saberes indígenas, uma vez que os conhecimentos dos povos amazônicos seriam fundamentais para a coleta das drogas do sertão, um extrativismo da floresta que também é um extrativismo epistêmico. Para isso, foi fundamental o estudo das línguas: em caso de povos ágrafos, é onde está o registro de seus conhecimentos, de seus saberes e fazeres e das condições metabólicas de reprodução da vida.

O poder pastoral exercido pelas ordens religiosas, nesses termos, como aponta Foucault (2008, p. 219) sobre o pastorado cristão, consistiu em uma arte de governar "que tem a função de encarregar-se dos homens coletiva e individualmente ao longo de toda a vida deles e a cada passo de sua existência". Esta arte cria "um sujeito que é sujeitado em redes contínuas de obediência [...], um sujeito que é subjetivado pela extração de verdade que lhe é imposta" (Foucault, 2008, p. 243).

Para o projeto catequético se realizar, três elementos eram centrais: o primeiro deles é a desmontagem e desconstrução das línguas indígenas por um projeto de imposição de uma língua geral,[3] como padrão de compreensão e comunicação do/no mundo; o segundo era a instituição de um ensino religioso para a "salvação" das almas, com o particular detalhe que a tal "salvação" nunca foi objeto de escolha, sendo sua negação a justificativa usada para todo e qualquer tipo de violência e suplício dos corpos das populações autóctones; e a terceira era a polarização e centralização dos indígenas aldeados para facilitar o uso de sua força de trabalho como esteio do projeto colonial. A distribuição dos aldeados entre diferentes agentes do projeto colonial expressa bem a importância do "ouro vermelho":

> Os homens dos treze aos sessenta anos eram inventariados uma vez por ano para serem submetidos à repartição: um terço ficava na missão, constituindo-lhe o núcleo residente; de outro terço o missionário podia tirar 25 para o seu serviço e os restantes eram repartidos entre os moradores, sitiantes e fazendeiros que os requisitavam para os trabalhos agrícolas e os transportes; a terceira parte era entregue às autoridades para o serviço público e aos cabos de tropa que iam ao sertão. (Porro, 1992, p. 193)

Entretanto, nem sempre todos os interesses dos distintos agentes colonizadores – sejam eles as ordens religiosas, alguns colonos ou o próprio Estado – eram coincidentes quanto à distribuição dos cativos indígenas ou mesmo em relação à escravização. O Regimento de 1680, que impede a escravidão indígena, alarga os conflitos entre colonos e jesuítas, que passam, após a legislação supracitada, a ter o monopólio da exploração do trabalho das populações confinadas em aldeamentos. Tais conflitos deságuam na expulsão dos jesuítas do Maranhão em 1684, sendo que, dez anos depois, a Carta Régia de 29 de novembro de 1694 determinou uma divisão territorial da Amazônia entre carmelitas, franciscanos, mercedários e jesuítas.

Dessa forma, se forjou uma cartografia política da atuação do conjunto das ordens religiosas na Amazônia, entre os séculos XVII e XVIII: os franciscanos da Província de Santo Antônio estavam à margem esquerda do rio Amazonas, entre os rios Paru, Jari e o Cabo do Norte, onde hoje é o Amapá; os carmelitas se territorializaram no rio Negro, rio Urubu, rio Solimões, rio Branco, rio Guamá, rio Bujaru, em áreas referentes à Icoaraci, Gurupá e Vigia e em parte da ilha do Marajó; os mercedários construíram seus aldeamentos nos rios Negro, Urubu, Uatumã, Anibá e em parte da ilha do Marajó; os jesuítas criaram missões nas regiões de Cabo do Norte, do Baixo e Médio Amazonas, na região Bragantina, na ilha do Marajó e adjacências, além de atuarem no rio Tocantins, rio Itacaiúnas, rio Xingu, rio Pacajá, rio Tapajós, rio Madeira, rio Branco, rio Negro, confluências do rio Urupês e do rio Gurupi; os capuchos atuaram no Baixo Amazonas, na região do Cabo do Norte e também no rio Tocantins e na ilha do Marajó (Oliveira, 1988 e Costa Malheiro, 2019).

A catequese e os aldeamentos indígenas também se tornaram um modo de divisão social dos índios, uma vez que aqueles que eram "descidos" também eram representados como "mansos", e os que não se submetiam ao regime geográfico dos descimentos eram tido como "bravos". Essa divisão social das populações amazônicas também construiu uma distribuição espacial das práticas de violência colonial: aos "mansos" era reservada a catequese; aos "bravos", as tropas de resgate e as guerras justas.

Várias foram as tecnologias políticas usadas para garantir o uso dos corpos indígenas que não se sujeitavam à catequese e ao trabalho colonial. A primeira delas foram as guerras, fatidicamente chamadas de justas. Para justificar uma guerra como justa foi preciso construir uma imagem de um outro, cuja vida pode ser destruída sem prejuízo. Foi preciso tornar o indígena um objeto desprezível para o qual a morte é uma libertação, por isso extermínios foram justificados inspirados em legislações medievais como forma de punição contra o paganismo, a antropofagia e a atuação dos pajés. Decretos de 1653 e 1655 dariam contornos legais às circunstâncias em que seria lícito "cristãos" declararem guerra justa aos povos que não aceitassem a catequese (Farage, 1991). Em síntese, todos os povos que não se submetiam eram considerados arredios, selvagens, bárbaros e inimigos do Estado. Portanto, o suplício dos corpos indígenas considerados bravos tornou-se a forma de representação do poder pastoral das ordens religiosas e do poder soberano da Coroa portuguesa.

A segunda estratégia de arregimentação de indígenas ao trabalho colonial foram as tropas de resgate, uma tecnologia política construída para justificar o controle de corpos indígenas para a escravização por meio de uma troca ou um resgate de prisioneiros de guerras entre etnias distintas. Assim, a captura para a escravização torna-se discursivamente um resgate, com toda a pompa eufêmica que a palavra carrega, mas na realidade estamos falando de arregimentação forçada de braços para o trabalho por meio de violência extremada, uma vez que o resgate nada mais era que uma maneira de forçar um grupo para entregar seus prisioneiros de guerras. Segundo Porro (1992), o resgate tornou-se um pretexto para fomentar guerras e atritos intertribais, pois quando tais incursões não captavam cativos suficientes, os próprios fornecedores tornavam-se objeto de sequestro. Nesse contexto, como afirma Farage (1991, p. 28), "o próprio Estado tornava-se empresário dos resgates", o que demonstra que tal prática era generalizada entre missionários, colonos e o Estado, tornando o resgate a justificativa básica para a generalização da escravização indígena, ou melhor dizendo, tornando a violência, o extermínio e a submissão as marcas de imposição colonial às populações autóctones.

A partir de fontes coloniais, entre os anos de 1621 e 1626, sob o comando do capitão-mor do Estado do Grão-Pará, teriam sido exterminados ou conduzidos ao cativeiro cerca de 500 mil indígenas, e por volta de 1669, o padre Antônio Vieira estimava mais de 2 milhões de indígenas mortos no Grão-Pará e Maranhão como resultado do empreendimento colonial (Pacheco de Oliveira; Freire, 2006).

A guerra, portanto, é parte fundamental do projeto colonial, pois institui um inimigo e legitima práticas de violência e extermínio contra ele. Entretanto, se a garantia do controle do ouro vermelho era construída pelo exercício do pastorado religioso e as mais variadas formas de guerra, não se pode esquecer que, nesse contexto inicial do projeto colonial na Amazônia, o território setentrional da América Portuguesa era disputado por outras potências europeias. Holandeses, franceses, ingleses faziam-se presentes, o que exigiu, por parte da Coroa lusitana, uma estratégia de defesa do território, particularmente a partir de construções militares na calha de rios estratégicos para a circulação. O rio Amazonas e seus principais afluentes, nesse sentido, revelam uma ocupação estratégica integrada entre ordens religiosas e suas missões/aldeamentos e o Estado com seus fortes, fortins e baterias militares. As construções militares em Macapá, na foz do rio Amazonas, em Santarém, na desembocadura do rio Tapajós, na fortificação de Pauxis em Óbitos, na foz do Trombetas, de Tefé, na foz do Japurá, de Manaus, na foz do Rio Negro e a construção do Forte do Presépio em Santa Maria de Belém do Grão-Pará, localizada na foz de toda a bacia, revelam uma organização espacial voltada para a defesa do território.

Vale ressaltar que, entre 1580 e 1640, Portugal e Espanha formavam a Coroa Ibérica; entretanto, após 1640, crises diplomáticas de fronteiras entre portugueses e espanhóis tornaram-se centrais, além dos entraves com franceses, ingleses e holandeses, para a construção de uma estratégia de defesa por parte da Coroa Lusitana. Destacamos, ainda, que tais conflitos territoriais, particularmente entre Portugal e França, foram objeto do primeiro Tratado de Utrecht (1713), no qual ficou reconhecida a soberania de Portugal da margem esquerda do rio Amazonas e a da França das terras próximas ao rio Oiapoque, atual Guiana Francesa.

Como se vê, nossa formação territorial é, desde sempre, forjada como parte da constituição do sistema mundo capitalista moderno-colonial. A própria presença territorial de cinco potências coloniais (Inglaterra, Holanda, França, Espanha e Portugal) em território amazônico é disso a melhor expressão. Enfim, não se pode debater o Brasil, em particular a Amazônia, sem considerar a dimensão geopolítica que nos constitui desde sempre.

Em síntese, a construção de um sistema colonial na Amazônia só se estrutura pela invenção de uma hierarquização social racista que criou cisões civilizatórias, levando à condição de zonas de sacrifício todos os povos que negassem os ideais de salvação cristãos impostos pelas ordens religiosas e pelo Estado. Foi o racismo, portanto, que justificou o controle do trabalho cativo indígena, viabilizando o extrativismo das drogas do sertão entre os séculos XVII e XVIII. Foi o racismo que definiu um padrão de dominação do território pelo exercício do poder pastoral, o que construiu um cerco aos territórios de vida dos povos amazônicos. Foi o racismo, ainda, que banalizou práticas de guerra constante, seja aos inimigos internos, os povos que r-existiam à catequese, seja aos inimigos externos (holandeses, ingleses, franceses), pela edificação de uma rede espacial de fortes e edificações militares de defesa. Em síntese, entre o pastorado e a guerra, tudo girava em torno do controle do principal elemento de geração de riqueza, o ouro vermelho, ou seja, os corpos indígenas.

## ENTRE A DISCIPLINA, O COMÉRCIO E AS TROPAS DE DESCIMENTOS: A RACIONALIZAÇÃO MODERNO-COLONIAL DA POLÍTICA POMBALINA

As particularidades dos processos coloniais conferem aos padres das missões, entre os séculos XVII e XVIII, como já demonstramos, uma grande centralidade. Essa particularidade, entretanto, será configurada na condição de emergência de uma forma de visão da região como um total risco à soberania da Coroa lusitana, justamente quando a importância dos missionários passou a soar como uma ameaça à soberania do Estado.

Essa nova razão de governo do território, que encara o poder pastoral como um risco à soberania, consolida-se com a assinatura do tratado de Madri firmado em 1750. Neste tratado, o princípio do *uti possidetis* legitima a ideia de que o domínio do território significa ocupação e povoamento,[4] e é por esses termos que Portugal e Espanha tentarão garantir seus domínios coloniais. A entrada no governo de Portugal do primeiro ministro Marquês de Pombal, em 1750, ampliará as preocupações de Estado nas possessões territoriais da América, particularmente em sua porção setentrional para a qual Mendonça Furtado, primo de Pombal, é indicado à presidência da Província do Maranhão e Grão-Pará que se transforma em Grão-Pará e Maranhão em 1751, com a mudança da capital de São Luís para Belém, já com a preocupação voltada ao domínio territorial amazônico (Costa Malheiro, 2019).

As preocupações com essa porção setentrional da América portuguesa já se fazem notar na Instrução Régia enviada em 1751 por Marquês de Pombal a Mendonça Furtado, na qual se constatava que "como à minha real notícia tem chegado o excessivo poder que têm nesse estado os eclesiásticos" (Melo, 1989, p. 8). O problema central para a soberania do Estado português será, portanto, a legitimidade das ordens religiosas junto aos indígenas, que eram os principais povoadores desse território, o que faz com que o Estado não fosse uma realidade objetiva para as populações amazônicas.

São essas preocupações com a soberania portuguesa na Amazônia que promovem uma mudança completa no sistema colonial a partir 1) de redefinições na estrutura político-administrativa como a já mencionada mudança de capital e do nome do estado do Grão-Pará e Maranhão em 1751;[5] 2) do reforço da estratégia militar de defesa, agora acompanhada de uma preocupação com a demarcação dos limites fronteiriços do domínio português na Amazônia; 3) da construção de uma nova forma de exercício do poder sobre os corpos indígenas, mais diretamente associados ao domínio do Estado (com a criação do Diretório dos índios em 1757), o que gera conflitos com as ordens religiosas, particularmente os jesuítas que são expulsos em 1759; 4) da introdução do suplício e cativeiro de corpos negros, por meio da introdução do trabalho escravo em 1756; 5) do fomento de atividades agrícolas e pecuária; 6) da doação de terras a colonos e soldados para serem cultivadas; 7) da adoção de uma racionalidade mercantil de produção de riqueza por meio da criação, em 1755, da Companhia Geral do Comércio do Grão-Pará e Maranhão e; 8) da transformação dos aldeamentos indígenas, lugares de reclusão e confinamento dos povos autóctones, em vilas e cidades com toponímias portuguesas para expressar simbolicamente o domínio lusitano.

Afinal, dar nome próprio é uma forma de se apropriar do território: "minha pátria é minha língua" diria, depois, o poeta Fernando Pessoa. Como exemplos significativos temos: Santarém, Óbidos, Faro, Alenquer, Almeirim, Aveiro, Melgaço, Barcelos, Borba, Ega (que hoje é Tefé), Serpa (hoje, Itacoatiara) e Vila Nova da Imperatriz (Parintins).

O império da razão começa a reconstruir o sentido do projeto colonial e definir uma nova razão de Estado, bifurcada entre a necessidade de assegurar seus próprios domínios e ocupar seu território com vassalos do rei de Portugal para o desenvolvimento do comércio. O comércio, aliás, tornou o regatão um personagem comum da navegação nos rios amazônicos, cada vez mais presente entre as distintas povoações. Assim, dialeticamente, serviu para subordinação de povos e expansão do domínio territorial português, mas também serviu de ponte num complexo sistema de comércio e escambo entre os povos amazônicos.

A racionalização por meio do diretório dos índios, das novas vilas com toponímias portuguesas, das reformas urbanas e construções suntuosas, da efervescência do comércio e da introdução da agricultura e pecuária também deixou seus rastros de destruição.

Nesses termos, o pilar de sustentação dessa nova forma do velho sistema "moderno-colonial" continuou sendo os corpos indígenas, uma vez que "a conquista da população indígena era fundamental nesse projeto de urbanização do território por meio do povoamento" (Costa Malheiro, 2019, p. 99). Além dos indígenas, nesse momento, também se permitiu a exploração dos corpos negros cativos, que já possuíam importância significativa nas lavouras de algodão no Maranhão, desde o século XVII, e se tornaram cada vez mais presentes no interior da Amazônia no século XVIII, apesar de que os cativos que chegavam de Bissau, Cacheu, Serra Leoa, Cabo Verde e Angola representavam uma alternativa onerosa para os colonos descapitalizados do Grão-Pará (Acevedo Marin; Gomes, 2003).

A expressão máxima da estratégia colonial pombalina pode ser considerada a criação do Diretório dos Índios que, com a intenção de "libertar" os povos aldeados do domínio das ordens religiosas, na verdade estabeleceu uma nova forma de exercício do poder distinta do poder pastoral, pois nesse momento a questão colocada é a "preparação" para a vida civil, por meio do adestramento de corpos e hábitos num processo de ensino de aritmética e costumes europeus, que impõe a língua portuguesa e proíbe o uso da língua geral, para o enquadramento político e social dos indígenas aos moldes eurocêntricos de cidadania.

Institui-se, portanto, um processo disciplinar de controle da massa dos corpos dos indígenas aldeados para a maximização da utilidade desses corpos em conjunto e garantia da docilidade por meio de um controle individual e da combinação de suas forças, o que foi tratado como poder disciplinar por Foucault (1977).

Entretanto, como afirmam Azevedo e Silva (2002), o Diretório também era um artifício para fortalecer o aparelho de Estado e dinamizar, pelo adestramento da força de trabalho indígena, o setor produtivo, além de, também, controlar a circulação de riqueza para aumentar as receitas tributárias, o que faz dele uma síntese do exercício do poder disciplinar e da racionalidade comercial do sistema colonial empreendido pelas políticas pombalinas na Amazônia.

Se a disciplina e o comércio explicam esse novo arranjo colonial, a guerra continuará presente não somente nas novas edificações militares construídas para a defesa contra os inimigos externos,[6] mas também na prática de destruição, desorganização e extermínio de diversos povos indígenas pela controversa política pombalina.

A pretensa liberdade aos indígenas nada mais foi que a reinvenção de hierarquias civilizatórias para alterar os discursos que legitimam o uso forçado de sua força de trabalho, discursos estes que agora tomarão como base os padrões europeus de ser e estar no mundo, jogando para o campo da indiferença tudo o que seja diferente desse padrão ou se rebele contra ele. Como aponta Pacheco de Oliveira (2016, p. 172), "ao contrário da pretendida emancipação dos indígenas e a ampliação de sua participação na vida civil, o que ocorreu na prática foi o agravamento das formas de exploração da mão de obra indígena". A brutalidade da exploração do trabalho indígena gerou um quadro de proliferação da fome e de epidemias que dizimou cerca de 15 mil indígenas, entre 1779 e 1781, só no Pará (Almeida *apud* Pacheco de Oliveira, 2016). Esse quadro, associado às fugas e/ou aos retornos de índios aldeados pelo pastorado missionário para suas antigas aldeias, fizeram com que diretores de povoação e colonos intensificassem o uso de descimentos, o que ocasionou "a destruição e a desorganização de um número incalculável de povos indígenas" (Pacheco de Oliveira; Freire, 2006, p. 73).

Novos descimentos, de acordo com Hemming (2009), eram os dispositivos usados para, durante o período de vigência do Diretório, trazer milhares de indígenas a fim de substituir as perdas populacionais das povoações, vilas e cidades. Ou ainda, não apenas "governadores, mas também ouvidores e intendentes da agricultura e comércio, penetraram o sertão e os altos rios à procura de grupos tribais" (Oliveira, 1988, p. 91).

A violência e o extermínio, tão presentes no projeto colonial anterior, mudaram de figura e justificativa, uma vez que continuaram a funcionar como uma marca de produção de riqueza na Amazônia. Enfim, há continuidade na descontinuidade moderno-colonial. O cativeiro de indígenas continuou, assim como seu extermínio por uma guerra oficial pela busca de força de trabalho. Isso estava associado ao flagelo dos corpos negros africanos que, no Censo de 1774, segundo Azevedo e Silva (2002), eram em um número de 11.886 no Grão-Pará, 222 na recém-criada província do Rio Negro e 16.958 no Maranhão. Assim se constituiu a base torpe de um projeto de disciplina e comércio que não sobrevive sem o racismo, pois transforma indígenas e negros africanos em braços para o trabalho e vidas sem valor que podem ser eliminadas sem nenhum prejuízo pela vontade do Estado.

A escravidão e o extermínio indígena por meio dos descimentos, das tropas de resgate e das guerras justas continuaram pelo trabalho forçado nos diretórios, sendo incorporado ao rol das formas de violação, o flagelo do corpo negro africano.

O Estado definia os parâmetros básicos para a constituição de um cidadão, de modo que os povos fora dos padrões de cidadania (sejam povos indígenas e/ou povos negros) continuaram experimentando formas de violência, cativeiro e extermínio. Essas foram as vias para a construção de uma dinâmica de modernização das práticas de produção de riqueza na Amazônia pela política pombalina que vigorou até fins do século XVIII. Por trás da agricultura, da pecuária, das novas cidades e fortes, por trás da disciplina do diretório e da racionalidade do comércio, a guerra contra os povos amazônicos, agora justificada pela necessidade de submissão às leis do império (Costa Malheiro, 2019), continua como ruínas das formas de expansão capitalista na Amazônia.

Nesse sentido, a lógica de domínio do território expressa-se por três termos: 1) a disciplina, o comércio e as tropas de descimentos, conformando uma lógica de organização espacial de guerra (fortes, fortins, baterias, mas também na continuação das tropas de descimentos); 2) uma organização espacial de disciplinarização (os Diretórios e as próprias cidades criadas); e 3) toda uma dinâmica espacial para facilitar os fluxos comerciais (cidades, mercados, portos, companhias de navegação). Enfim, a lógica da acumulação combinada com a lógica territorial (Arrighi, 1996).

## O AVIAMENTO, O OURO BRANCO E AS CORRERIAS: A AMAZÔNIA E O OUTRO LADO DA REVOLUÇÃO (NAS RELAÇÕES SOCIAIS E DE PODER) INDUSTRIAL

Se os Diretórios de Índios podem ser considerados a síntese do projeto de modernização-colonial pombalino, sua extinção pela Carta Régia de 12 de maio de 1798 não significará, entretanto, melhores condições às populações amazônicas. Ao contrário, o decreto – apesar de reafirmar a liberdade aos índios, com o fim da chancela da Coroa nas operações de descimento – também deu liberdade de comércio e acesso livre aos colonos e outros moradores às terras indígenas, inclusive permissão para destruição de seu patrimônio, estabelecendo que qualquer indígena que não possuísse ocupação fixa poderia ser compelido a trabalhar para o Estado (Hemming, 2009; Costa Malheiro, 2019).

A política pombalina na Amazônia, pelo incentivo à agricultura e pecuária, forjou algumas oligarquias políticas que continuaram, no século XIX, usando da força de trabalho escrava negra e também o trabalho indígena. A coleta das drogas do sertão também foi mantida por meio dos meandros de vários rios amazônicos e várias frentes econômicas foram criadas em direção à Amazônia, como a do gado vindo do Maranhão, e o ouro vindo de Goiás, que encontraram diversos grupos étnicos vistos como um empecilho. É também no século XIX, segundo Costa Malheiro (2019) e Cunha (2012), que a distinção hierárquica e racista entre índios mansos e bravos ganhou novas versões, neste momento com tentativas científicas de justificação, o que definiu políticas extremamente agressivas aos povos amazônicos, desde o retorno à catequese, passando pela criação de presídios nos entornos dos aldeamentos, até a reativação, com justificativa legal, das guerras justas (Costa Malheiro, 2019).

Várias foram as estratégias de controle, disciplina e extermínio dos corpos indígenas durante o século XIX, muitas delas empreendidas por agentes particulares. Em termos oficiais, é interessante lembrar o Regulamento das Missões de 1845, uma política que o Império instituiu para uma administração leiga dos indígenas com diretores do Estado junto a missionários sendo nomeados às aldeias (Cunha, 2012). A função da Igreja é um tanto ambígua nesse contexto na Amazônia, uma vez que, embora o regulamento defina que os missionários devam ser apenas assistentes religiosos e educacionais do administrador, na realidade isso não ocorreu: "talvez pela carência de diretores de índios [...], é frequentíssima a situação de missionários que exercem cumulativamente os cargos de diretores de índios" (Cunha, 2012, p. 69).

As condições aviltantes das populações amazônicas em princípios do século XIX não podem ser desconsideradas como uma das condições de emergência da revolta popular da Cabanagem (1835-1840), um movimento político dos moradores de casebres ou cabanas que integrou o rol das lutas por emancipação. A participação ativa e destacada no movimento cabano dos tapuios – termo que denominava os índios colonialmente definidos como mansos, o que incluía uma diversidade de povos amazônicos, como ribeirinhos, quilombolas, dentre muitos outros – demonstra o protagonismo desses povos na cabanagem (Pacheco de Oliveira; Freire, 2006). As forças imperiais, entretanto, constroem um processo de repressão sangrento dizimando de 30 a 40 mil pessoas, o que representava cerca de 30% da população da província.

Considere-se que, quando da independência formal do Brasil em relação a Portugal, a Província do Grão-Pará ainda permaneceu por um ano ligada a Portugal. E mais, a adesão ao Brasil por parte dos lusos e dos demais brasileiros da Amazônia se deu por conveniência diante do que se passava em Portugal com a Revolução liberal do Porto (1820) que debatia a abolição da escravatura e do latifúndio, o que contrariava os interesses dessas classes na Amazônia. Aderir ao Brasil ainda permitia a essas classes as vantagens de não haver nenhum controle por parte do Rio de Janeiro sobre os amplos territórios amazônicos, o que lhes abriu espaço para maior controle sobre os que habitavam as cabanas, ou seja, os ribeirinhos, os indígenas, os negros, os "caboclos". A violência aumentou com a adesão à independência.

Consideremos que *brasileiro* era a designação que se dava, no período colonial, ao português que voltava rico por explorar o Brasil. Há que se interrogar porque esse adjetivo pátrio raro terminado em *eiro* foi preferido por nossas elites políticas e seus intelectuais. Afinal, o *eiro* indica aquele que vive de explorar algo: mineiro, de explorar as minas; madeireiro, de explorar a madeira; e assim sucessivamente: brasileiro, o que vive de explorar o Brasil. Considere-se que o dicionário de língua portuguesa nos oferece sinônimos, a saber, brasiliano, brasílico e brasilense entre outros. A opção por brasileiro talvez revele o inconsciente mais profundo das nossas classes dominantes.

Já no início do século XIX, particularmente a partir de 1830, a Amazônia já exportava sapatos e tecidos emborrachados aos EUA, o que se acentuou com a descoberta do processo de vulcanização que permitiria a utilização do produto em qualquer temperatura, em 1839, o que coloca a goma elástica como um produto central na segunda revolução industrial (Porto-Gonçalves, 2001), ou revolução nas relações sociais e de poder, para ampliar o sentido das transformações em questão, que o termo industrial pode reduzir. O que será chamado de Ouro Branco, a borracha, a partir de então, irá estruturar uma complexa rede de relações econômicas, políticas e sociais que redefinirão a geografia histórica amazônica.

A expansão decisiva da atividade gomífera na Amazônia só se dá a partir de 1870 e foi, logicamente, sustentada pela demanda internacional crescente do produto. Começa a se estabelecer um processo com relações diretas de comando dos EUA e Inglaterra instalados em Belém e Manaus por meio de casas exportadoras que definem uma rede de créditos aos seringais situados ao longo dos vários rios do vale amazônico (Pacheco de Oliveira, 2016).

Não há, entretanto, consolidação desta atividade extrativa na Amazônia sem, primeiro, o uso da força de trabalho indígena e, segundo, sem a construção de uma relação social de trabalho semelhante à escravidão por dívida, chamada de aviamento, nome, segundo Weinstein (1993), dado às mercadorias dos comerciantes (aviador) entregues aos seringueiros (aviado) a crédito ou em troca de borracha. O barracão do seringalista, dono do seringal, transformou-se no elo espacial de uma relação de dependência e dívida, uma vez que ele sempre estava em uma posição estratégica à beira do rio, polarizando as colocações, entradas na mata que definiam trilhas de seringueiras (Porto-Gonçalves, 2001). No barracão estavam os produtos básicos para a sobrevivência do seringueiro, obrigado a trabalhar exclusivamente na extração do látex, por ser proibida a agricultura, tornando-o dependente de uma relação com a contabilidade duvidosa do barracão que cria ou aumenta sua dívida.

A demanda de borracha foi tão intensa que o trabalho indígena, ribeirinho e de outros povos amazônicos não foi suficiente, vários trabalhadores foram agenciados no Nordeste para trabalhar nos seringais, numa estimativa de 300 a 500 mil migrantes nordestinos que chegaram entre 1860 e 1910 na Amazônia (Porto-Gonçalves, 2001). Esses migrantes nordestinos que chegaram à Amazônia para o trabalho no seringal, embora sujeitados a relações de trabalho aviltantes de aviamento, ressignificaram suas existências após os ciclos extrativos. E muitos deles permaneceram na região e ampliaram um campesinato caboclo que foi se estabelecendo e se organizando, construindo laços com povos indígenas e quilombolas, atravessando várias gerações. Esse processo permitiu a formação de redes de aliança política e econômica que redesenharam identidades políticas e forjaram distintas territorialidades, ora definidas por atividades econômicas, ora definidas por formas de uso do território distintas, ora definidas por trilhas dos recursos de extração da floresta.

Além do incentivo à migração nordestina, a implantação de um sistema de transporte a vapor foi fundamental para ligar Belém e Manaus – onde estavam instaladas as casas exportadoras – com o interior e com a Europa, sem esquecer da construção do Porto de Belém que, entretanto, só ficou totalmente pronto em 1913, quando os seringais do Sudeste asiático já tinham colocado a borracha no mercado internacional. Os monocultivos na Ásia, mais do que uma racionalização produtiva, representaram não apenas um processo de superexploração aviltante do trabalho, como também um maior controle colonial do território pelas potências imperiais, diferentemente da Amazônia, em que ingleses e estadunidenses ainda tinham que dividir os lucros da atividade com um conjunto de outros agentes. Nesses termos, a estrutura portuária ficou totalmente disponível em um momento de declínio do *boom* de anos anteriores, o que era uma realidade para certas regiões da Amazônia em 1913, mas se reforça a partir de 1920.

Com o declínio da economia da borracha, houve um deslocamento da estrutura do aviamento para outros produtos que, a partir de 1920, também começam a ganhar destaque nas pautas de exportação. Ganha destaque, por exemplo, a castanha que, segundo Otávio Velho (2013), em 1921 já ultrapassava, em volumes de exportações no estado do Pará, a produção do látex. As relações sociais e de poder estabelecidas na economia da castanha serão bastante semelhantes às usadas na borracha, com o trabalho indígena e camponês e as relações de aviamento também como a base dos processos de exploração.

Vale lembrar que, seja pela borracha, seja por outros produtos, há, entre fins do século XIX e meados do século XX, a formação de várias oligarquias regionais em torno de processos extrativos, a partir da dominação da terra por mecanismos jurídicos de posse (como o aforamento), a exemplo da oligarquia forjada pelo domínio dos castanhais particularmente nas confluências dos rios Tocantins, Araguaia e Itacaiúnas, no Pará (Emmi, 1987).

Todo esse sistema de interiorização de relações de aviamento na Amazônia por meio do ouro branco ou mesmo da castanha-do-pará encontrou múltiplos povos em seu caminho. Não se deu apenas com a exploração dos braços indígenas e de migrantes nordestinos para sustentar essa dinâmica econômica, pois sua entrada espoliadora pelo interior da floresta produziu contatos extremamente violentos com várias etnias indígenas. Nesse sentido, Gagliad (1989, p. 91) explica que havia três opções aos indígenas: seriam expulsos dos "lugares onde havia o caucho e a seringueira", seriam subordinados ao trabalho ou seriam eliminados no caso de resistência.

O indígena, que sempre manejou a floresta na qual viveu, foi tratado como invasor em suas próprias terras, ou mesmo como um intruso ou um perigo a ser exterminado. Por isso, serão várias as expedições punitivas, também denominadas de correrias (Pacheco de Oliveira, 2016), geralmente formadas por um grupo grande de homens. As correrias também são momentos de raptos, seja de prisioneiros para o trabalho, seja de mulheres e crianças para a formação de "famílias" nas frentes extrativas, geralmente exclusivamente formadas por homens. Essa dimensão patriarcal da história dos raptos é atestada pelo estudo de Martins (2009, p. 41), que expressa ser a mulher o "centro da história dos raptos praticados pelos diferentes grupos".

Essas expedições, conhecidas como correrias, entravam na floresta com o objetivo de retirar, expulsar, fazer correr para outro lugar, capturar indígenas para o trabalho ou simplesmente exterminar as diversas etnias indígenas localizadas ao largo das áreas de expansão das frentes econômicas da borracha, da castanha e até mesmo, em alguns lugares da Amazônia, do garimpo. Como confirma Martins (2009, p. 36),"é verdade que indicações há de captura de índios para sua escravização nos seringais da Amazônia".

Em contrapartida, as correrias também são momentos de contato violento para a expropriação de saberes indígenas, tão fundamentais para a sobrevivência na floresta. Vários são os territórios indígenas atravessados por estradas de seringa, vários serão também os territórios atravessados por castanhais ou pela atividade do garimpo e da caça de peles, ou seja, as frentes extrativas consistirão em mecanismos concretos de subordinação para o trabalho forçado, expropriação de terras ou mesmo de massacre e extermínio de múltiplas etnias indígenas na Amazônia.

A valorização cíclica de produtos no mercado internacional aquecido pela segunda *revolução* (nas relações sociais e de poder) *industrial* fez com que processos econômicos extrativos tivessem maior força como dinâmicas estruturais de organização do espaço amazônico entre o século XIX até meados do século XX, ainda que persistissem algumas atividades ligadas à agropecuária e até mesmo à coleta das drogas do sertão. Esses processos extrativos, como os da borracha e os da castanha, também só se consolidaram por engrenagens de destruição e morte. Só foram possíveis, portanto, pela reinvenção da escravidão, pelo mecanismo da dívida, que levou camponeses migrantes nordestinos, indígenas, quilombolas e outros povos e comunidades amazônicas a serem submetidos ao sistema de aviamento.

A entrada das dinâmicas extrativas pela floresta não encontrou um território despovoado, mas sim ocupado por várias etnias indígenas que se tornaram, para o capital, o principal empecilho à expansão/invasão, como são os *fronts* antes de se tornarem fronteira. Novamente, a violência, agora por correrias para extermínio indígena, será a contraparte de um sistema de extração de riqueza com circulação mundial. Mais uma vez, dinheiro e extermínio caminharam juntos em processos de expansão da fronteira na Amazônia com novos repertórios de violência a cada nova frente econômica.

A velocidade com que as máquinas processavam as matérias-primas na Inglaterra ou nos EEUU implicava as correrias na Amazônia, o que nos revela como a chamada acumulação primitiva, com toda sua violência, é a contraface necessária da acumulação "civilizada". Não se entende uma sem a outra. E a borracha não era uma matéria-prima somente para a produção de pneumáticos, por exemplo. Mesmo antes desse destino, que aumentará a demanda com a indústria automobilística e seu fordismo já depois de 1910, a borracha já estava no centro do mecanismo da própria máquina como correia de transmissão e batentes, e foi a base da segunda revolução industrial de finais do século XIX, inclusive no encapamento de fios elétricos fundamentais na transmissão de energia. Talvez assim se entenda por que tanto empenho da Inglaterra em obter o controle da fonte dessa matéria-prima e seus cultivos nas suas colônias na Ásia.

Tratava-se de um produto estratégico, pois era colocado nas correias de transmissão que conectavam diferentes partes das máquinas, como batentes e, ainda, nas comunicações das transmissões elétricas nos cabos e fios. Há uma íntima relação entre a correia de transmissão nas fábricas inglesas e estadunidenses, de um lado, e as correrias, na Amazônia. A violência e a alienação desse sistema-mundo capitalista moderno-colonial, mais tarde, será eternizada na obra *Tempos modernos*, de Charles Chaplin, pelo menos no modo como essa experiência foi vivida entre os grupos/classes sociais em situação de exploração nos países centrais. Talvez entre nós, *Chove nos campos de Cachoeira*, *Marajó* e outros romances de Dalcídio Jurandir (1909-1979) sejam as melhores expressões para falar dessa experiência do lado de cá.

Entretanto, toda a violência exercida pela lógica de subordinação do aviamento ou pelas correrias também se constituía em razão de Estado. O governador do Pará, Augusto Montenegro, em mensagem ao Congresso Legislativo do Estado do Pará (p. 64), em 7 de setembro de 1905, informa aos presentes que havia encomendado uma grande tela sobre a Conquista do Amazonas, do consagrado pintor brasileiro Antonio Parreiras: "Este quadro representara o acto de Pedro Teixeira tomando conta das terras da Amazônia para a Corôa de Portugal".

Não era apenas um quadro, senão uma representação das obrigações do governo, já na República. A ideia de conquista atravessa os séculos e só é um problema em uma região em que a soberania sempre foi uma questão, por nela existir povos totalmente diferentes do que colonialmente se definiu como nação. São os involuntários da pátria, conforme lhes designara o antropólogo Eduardo Viveiros de Castro (2017), assim como os escravos que foram enviados por seus patrões como "voluntários da pátria" para lutarem na Guerra contra o Paraguai.

A nascente nação brasileira joga para fora de sua representação a diferença proporcionada pela imensa diversidade étnica dos povos amazônicos, o que é visível no famoso Discurso do Amazonas, proferido em 1940 na cidade de Manaus, no qual Getúlio Vargas (Vargas, 1940, *apud* Sudam, 1968, p. 10-11) enuncia: "Nada nos deterá nessa arrancada que é, no século XX, a mais alta tarefa do homem civilizado: conquistar e dominar os vales das grandes torrentes equatoriais, transformando sua força cega e a sua fertilidade extraordinária em energia disciplinada [...]". Esse discurso apresenta uma determinada concepção de modernidade: "Ao homem moderno está interdita a contemplação, o esforço sem finalidade. E a nós, povo jovem, impõe-se a enorme responsabilidade de civilizar e povoar milhões de quilômetros quadrados". Temos também nele uma representação específica da Amazônia: "Aqui, na extremidade setentrional do território pátrio, sentindo essa riqueza potencial imensa que atrai cobiças e desperta apetites de absolvição, cresce a impressão dessa responsabilidade, a que não é possível fugir, nem iludir" E conclui: "Sois brasileiros e aos brasileiros cumpre ter consciência de seus deveres, nessa hora que vai definir os nossos destinos de Nação".

Todo o ideal civilizatório, atrelado a uma ficção nacionalista que representa a Amazônia como uma força cega de fertilidade extraordinária, na verdade se traduz na necessidade premente, que nada pode deter, de conquistar e dominar para a nação essa porção setentrional do que se chama de Brasil. O moderno da energia disciplinada, que civiliza e povoa, não existiria se não fosse pela invenção deste fora absoluto dos ideais de nacionalidade. O jogo de polarizações e dicotomias é a ferramenta encontrada para controlar os perigos de absorção e a cobiça dos estranhos. A nação vira o remendo entre a garantia de soberania e os sentidos de autoridade de uma comunidade imaginada, na qual não cabem os mundos, visões, figuras, línguas, espaços, territórios, existências dessa chamada torrente equatorial (Malheiro, 2020).

Uma marca expressiva desse regime de verdade foi, em 1943, a instituição, por Vargas, por meio do Decreto n. 5.812, dos territórios federais do Amapá, Rio Branco (que passou, em 1962, a se chamar Território Federal do Roraima), do Guaporé (que em 1956 passa a ser chamado Rondônia), além de Ponta Porã e Iguaçu. Dos cinco Territórios Federais criados, três estão na Amazônia, notadamente aqueles que, em suas fronteiras, representavam um risco concreto à soberania. Outrossim, vale lembrar que por meio desse decreto também se criou a guarda territorial, responsável por manter a ordem interna no território nacional. Considere-se o contexto geopolítico internacional de guerra, onde áreas consideradas colonialmente como vazios demográficos se tornavam objeto de cobiça. E a Amazônia, para o Brasil, continuava sendo um fora a ser conquistado, em suma, também com um olhar colonial. Seus povos originários e seus descendentes não são um de nós e, por isso, devem ser conquistados.

A criação do Serviço de Proteção aos Índios (SPI), em 1910, institui uma política indigenista inspirada nesses ideais de nação que excluem do imaginário as populações amazônicas e que atravessará várias décadas do século XX podendo ser definida, em síntese, como um regime tutelar, construído por um conjunto de dispositivos políticos para o governo dos índios (Lima, 1995), quais sejam: os postos de atração/vigilância/assistência/pacificação, criados para atração e retirada de indígenas dos caminhos das frentes econômicas; as povoações indígenas, criadas em antigos aldeamentos; os centros agrícolas, para produzir trabalhadores para as frentes econômicas e as vigilâncias, criadas em áreas de conflito, com inspirações militares e práticas de violência (Costa Malheiro, 2019).

Em síntese, a lógica de produção da riqueza na Amazônia continua se expressando pela dependência ao mercado internacional, por formas de subordinação ao trabalho aviltantes e racistas por meio do aviamento. Uma geografia de guerra persiste e é justificada por um discurso de nação na qual não cabe a diversidade étnica dos povos amazônicos, que também se materializa em políticas oficiais de tutela e violência contra os povos amazônicos ou mesmo em expedições organizadas por agentes particulares para expulsão e extermínio desses povos para a garantia da expansão das frentes econômicas extrativas.

## A PROPRIEDADE PRIVADA, A POLÍTICA COMO GUERRA E OS GRANDES PROJETOS NA AMAZÔNIA: DOS GOVERNOS MILITARES AOS GOVERNOS "DEMOCRÁTICOS"

A Amazônia se torna definitivamente uma preocupação "nacional" a partir da Constituição de 1946, quando se colocam os pressupostos básicos para um planejamento regional coordenado pela política nacional. A imagem da região como um fora irredutível da nação leva a uma urgência na política. Assim, ocupação e valorização foram as palavras de ordem da criação da Superintendência de Valorização Econômica na Amazônia (SPVEA), em 1953, "com objetivos de assegurar à ocupação da Amazônia um sentido brasileiro" (SPVEA, 1954, p. 4). Dessa maneira, não se trata apenas de ocupar, mas, sim, de desenvolver os sentidos do Brasil nesta região, mediante uma urgência que fez o primeiro plano regional de desenvolvimento chamar-se de plano de emergência (Malheiro, 2020). Nesse sentido, a "valorização" regional é pensada por intermédio da aplicação de pequena parte da renda tributária da União, estados e municípios exclusivamente na Amazônia, com investimentos em transporte, comunicação e energia, além do desenvolvimento agrícola e a industrialização de matérias-primas (D'Araújo, 1992).

Os militares consolidam este esboço atrelando aos ideais de integrar, ocupar e desenvolver o território, com a Doutrina de Segurança Nacional. Dessa forma, já em 1965 são elaborados os objetivos básicos da nova política de desenvolvimento para a Amazônia: criação de polos de desenvolvimento; incentivo à migração nordestina para uma Amazônia inventada como vazia; incentivos diretos ao capital privado e à formação de latifúndios; investimentos em infraestrutura e logística; criação de uma estrutura administrativa para colocar em prática tais aspirações, o que se mostra concreto na criação da Superintendência de Desenvolvimento da Amazônia (Sudam), criada em substituição à SPVEA.

Entretanto, é o estabelecimento da propriedade privada o elemento-chave que sintetiza a estratégia dos governos militares de integrar, ocupar e desenvolver a Amazônia. A lógica de desenvolvimento via ocupação e integração do espaço regional às dinâmicas econômicas nacionais tem um solo firme de sustentação na expansão de frentes econômicas pela imposição da propriedade. Nesse sentido, podemos dizer que "a ocupação territorial se faz em nome da propriedade privada da terra, da relevância econômica da propriedade fundiária como fonte de renda territorial e como instrumento para obtenção de incentivos e subsídios públicos" (Martins, 1998, p. 664). Como já indicado, o princípio do direito internacional – *uti possidetis* – invocado pelo Estado brasileiro para afirmar seu domínio territorial frente a outros Estados sempre foi negado aos que aqui habitam há muito tempo e, portanto, estão em posse real de uso do território – *uti possidetis* –, antes do próprio Estado, e veem negado o reconhecimento de seus territórios, seja como indígenas, quilombolas ou camponeses-posseiros. Enfim, privilegia-se o espaço absoluto do território e a soberania exclusiva do Estado, mas não de seus povos com suas próprias territorialidades: o Estado como espelho, isto é, como imagem invertida de seus povos.

Por esses termos é bom que se diga que,

> Nas áreas de fronteira, a disseminação da propriedade privada só superficialmente se recobre de formas jurídicas relativas ao direito à propriedade privada. Essencialmente, ela se baseia em ações que prolongam a vitalidade histórica da sebaça, do saque, do direito aos bens dos vencidos. (Martins, 1998, p. 670)

Na esteira de processos de espoliação, até mesmo a "escravização de trabalhadores, sobretudo nas tarefas temporárias e transitórias de derrubada da mata e formação das pastagens" (Martins, 1998, p. 680) será marca de expressão da expansão das frentes econômicas na Amazônia.

Essa esfera de indeterminação jurídica para o estabelecimento da propriedade privada, por onde se estabelecem múltiplas práticas de violência e até mesmo formas vis de arregimentação e controle do trabalho, amplia-se se pensarmos no conjunto de políticas ligadas ao Conselho de Segurança Nacional (CSN). São políticas tais como: a federalização das áreas às margens das rodovias; a criação, em 1980, do Grupo Executivo de Terras do Baixo Amazonas (Gebam) e do Grupo Executivo de Terras do Araguaia-Tocantins (Getat), federalizando a questão da propriedade da terra, destituindo o poder do Incra e militarizando os conflitos (Almeida, 1981); além de toda a estrutura militar criada para o combate à Guerrilha do Araguaia, em meados da década de 1970, que perdurou no controle do garimpo de Serra

Pelada pela década de 1980; a criação do Projeto Calha Norte (PCN), em 1985, e do Sistema de Vigilância da Amazônia (Sivam), hoje Sistema de Proteção da Amazônia (Sipam), que revelam a preocupação militar do controle não apenas das fronteiras internacionais, como das ameaças internas.

A militarização do espaço regional amazônico tornou-se uma razão de Estado para a imposição da propriedade privada da terra, o que, definitivamente, transforma política em guerra e exceção em regra na Amazônia, cuja melhor expressão pode ser o tratamento dispensado pelos governos militares aos povos amazônicos. Aos indígenas, particularmente, um conjunto de políticas oficiais foram pensadas com o objetivo central de retirar esses povos dos caminhos das frentes econômicas e dos grandes projetos pensados para a região. O Estatuto do Índio de 1973 define as terras indígenas como categoria jurídica (Pacheco de Oliveira, 1983), sendo o controle de suas terras e seus recursos naturais o elemento central da relação do Estado com as populações amazônicas, além de consórcios entre o Exército e grupos privados que promoveram reais massacres e extermínios a povos indígenas. Com isso, provoca múltiplos deslocamentos forçados, conforme veremos a seguir.

Essa violência extremada dos governos militares pode ser vista a partir de dois casos paradigmáticos. O primeiro caso se deu pela abertura da BR-174, uma rodovia federal construída para interligar Manaus (AM) a Boa Vista (RR) e dar acesso às minas de Pitinga, maior reserva de estanho do Brasil. A obra ficou a cargo do Exército brasileiro e contou com forte resistência dos Waimiri Atroari, população indígena da família linguística caribe que habita uma parte do norte do estado do Amazonas e sul de Roraima e que tiveram seus territórios cortados pela rodovia. A organização da repressão militar, somada à entrada da Mineração Taboca nas minas do Pitinga, produziu verdadeiras chacinas. Relatos colhidos pela Comissão Estadual da Verdade (CEV) do estado do Amazonas dão conta do desaparecimento de 2 mil indígenas entre 1972 e 1975, sem o registro de um único atestado de óbito (CEV, 2012).

Outro caso exemplar se deu pela expansão das frentes de colonização e entrada de empresas de mineração que promoveram um massacre de mais de 5 mil cinta larga no noroeste do Mato Grosso e sudeste de Rondônia (Brasil, 2014). O relatório Figueiredo, produzido em 1967, em plena ditadura, chega a descrever os ataques aéreos aos cinta larga jogando dinamite nas aldeias, mateiros caçando indígenas com metralhadoras, além da decapitação dos indígenas sobreviventes.

Essas situações dão conta das tecnologias de poder acionadas no processo de expansão/invasão de frentes econômicas e imposição da propriedade privada da terra, quando novamente a política se traduz como uma guerra aos povos amazônicos. É nesse contorno que o discurso do primeiro superintendente da Sudam, general Mário Barros Cavalcanti (1966, *apud* Sudam, 1968, p. 73) é emblemático: "A história das grandes nações tem suas passagens mais belas no capítulo dos sacrifícios [...]. Os povos que nada sofreram não possuem histórias para contar". O general identifica a história da Amazônia nesse "capítulo de sacrifícios": "Os séculos de luta da gente lusitana para conquistar terra inóspita; a dedicação missionária para conquistar o selvagem arredio e, mais tarde, o esforço brasileiro de conservá-la conosco". E conclui: "eis algumas passagens de bravura e sacrifício que fizeram da Amazônia nosso capítulo de sofrimento [...]".

O general Cavalcanti (1966, *apud* Sudam, 1968, p. 74) identifica dois padrões regionais: "De um lado, na parte sul, aquele país desenvolvido cujos padrões de progresso nos colocam em pé de igualdade com os centros mais avançados do mundo. De outro, todavia, no extremo norte o que vemos é a chaga terrível do subdesenvolvimento [...]". E, a partir daí, argumenta: "Por isso, concebeu e lançou as bases da Operação Amazônia, para se situar à frente dos mais graves problemas do nosso tempo que consiste, exatamente, na conquista e consequentemente aproveitamento dos grandes espaços vazios, utilizando-os em benefício do homem". Em seguida, conclui: "Somente assim, povoando, desenvolvendo e conquistando de modo efetivo a Amazônia, estaremos fazendo uma guerra pela paz, desarmando os espíritos e convidando todos os homens para um trabalho conjunto".

Dicotomias como desenvolvimento e subdesenvolvimento, guerra pela paz, cheio e vazio, sul e norte, terra próspera e terra inóspita são manejadas para construir uma visão linear da história em que a Amazônia é o extremo oposto do que se quer como nação, para, assim, justificar um modo específico de fazer política como guerra. Do sofrimento do povo mesmo, há pouco registro, pois pouco se fala do indígena ou dos quilombolas ou dos camponeses-posseiros, dos cabanos, dos que foram privados de propriedade, pois o colonizador é branco e sua propriedade privada priva, e priva mais ainda quando é a grande propriedade, o latifúndio.

Nessa construção, três são os conquistadores: os missionários, os lusitanos e o Estado brasileiro, em que é a chegada de gente de fora que define a existência de um espaço, pois aos povos de dentro só é reservada a caricatura do selvagem arredio de espíritos armados. Nesses termos, a região amazônica se torna um espaço de sacrifícios, tão terrível que precisa ser ocupado a qualquer custo; fato que, de forma cínica, transforma a violenta chegada do estranho numa bravura histórica de um projeto nacional (Malheiro, 2020). A guerra, novamente, não é só uma metáfora. A política como guerra é a determinação de que se pode suspender as leis em nome da lei, é o passaporte para uma esfera de indeterminação política.

Para conduzir a política como guerra, foram desenvolvidas tecnologias políticas capazes de enfrentar o desafio amazônico erguido discursivamente pelas ideias de risco e vazio. Nesse sentido, era preciso construir obras que significassem uma ideia de um Brasil Grande. João Figueiredo, em um discurso proferido em Belém, no dia 27 de outubro de 1982, chega a afirmar que: "Grandes projetos, de magnitude que impressiona a brasileiros e estrangeiros, mas reflete apenas a escala amazônica, desenvolvem-se no Pará: Carajás, Tucuruí, Trombetas, são hoje nomes conhecidos no Mundo inteiro". E prevê: "O seu impacto sobre a economia paraense será imensamente favorável" (Figueiredo, 1982, p. 584).

À escala amazônica, apenas Grandes Projetos podem trazer desenvolvimento por essa leitura. Nestes marcos políticos, se os geógrafos e demógrafos terão um papel decisivo na definição de uma imagem de Amazônia como um vazio marcado por seus atributos naturais, serão os economistas e engenheiros que darão sustentação científica e técnica para a condução de políticas de desenvolvimento por Grandes Projetos. E os militares, a garantia dessa ordem.

A economia regional, em seu sentido normativo, irá consolidar um saber técnico para embasar o que será denominado como planejamento regional e a teoria dos polos de crescimento, de François Perroux, delineará esses caminhos ao pensar a industrialização como o fator responsável para as variações da estrutura econômica nacional, tomando uma indústria motriz como processo indutor de crescimento (Perroux, 1967).

A ideia de desenvolvimento via industrialização mudará violentamente a geografia e a história da região. As atividades de transformação industrial, em especial a indústria extrativa mineral, serão aquelas de maior consumo de energia, como a siderurgia, que demanda imensa quantidade de carvão vegetal e/ou mineral, ou a produção do alumínio, que demanda imensa quantidade de energia elétrica, levando ao barramento dos rios por meio de grandes usinas hidrelétricas. Sua principal expressão se dará com o Programa de Polos Agropecuários e Agrominerais da Amazônia (Poloamazonia), lançado em 1974, e responsável pela criação de 15 polos de desenvolvimento regional.

Mas se a economia regional sugeriu o desenvolvimento via criação de polos, a engenharia precisou tornar viável tal processo, e aqui entra em cena Eliezer Batista, ex-presidente da Companhia Vale do Rio Doce no início da década de 1960 que, não por motivo qualquer, foi chamado de volta ao cargo pelo presidente da ditadura empresarial-militar João Figueiredo, no ano de 1979. Eliezer Batista, conhecido como "engenheiro do Brasil", com suas teorias logísticas tornara possível o desafio colocado pelos polos de desenvolvimento em que, talvez, o exemplo mais emblemático tenha sido o do Projeto Ferro Carajás que articulara com os japoneses para ensejar a criação de demanda e a aquisição de recursos ao projeto, bem como no desenho de uma ferrovia da serra de Carajás, no Pará, até São Luís, no Maranhão, articulada a um porto (Porto de Itaqui) que escoasse o minério de forma racional até o... Japão. Um polo de desenvolvimento transformava-se em um eixo regional de exportações.

Sobre essas estratégias de "modernização" regional, Coelho *et al.* (2005, p. 74) chamam a atenção para a existência de dois grupos de estratégias de modernização regional que marcaram e marcam a história da Amazônia: "Enquanto um deles consistiu nas tentativas de estabelecimento de polos de crescimento econômico e de complexos industriais motrizes, o outro diz respeito aos esforços para estimular eixos estruturadores de desenvolvimento regional".

Os autores demonstram que "Ambos se baseiam em postulados teóricos distintos", e argumentam que: "no primeiro grupo de estratégias, julga-se ser necessária a participação estatal para contrarrestar dinâmicas produzidas pelo mercado, considerando-se que a modernização de certas regiões não ocorreria sem a ação do Estado". E completam: "Já o segundo grupo integra estratégias de desenvolvimento regional baseadas no suposto da eficácia das dinâmicas de mercado" (Coelho *et al.*, 2005, p. 74).

Se os polos tentam disciplinar os espaços a partir de uma matriz industrial, pensando a articulação de distintas áreas produtivas como caminho de desenvolvimento, os eixos criam caminhos para responder aos problemas de distribuição/circulação e, assim, alargam seus espaços de interferência, viabilizando fluxos de matéria e energia ao passo que afetam territórios e territorialidades distintos de sua racionalidade.

Uma nova dinâmica espacial – fundamentada em uma gramática/práxis colonial da Amazônia, ancorada na ideia de risco à soberania e vazio de técnica, ciência, política e existências – efetivará o arrogante ideal de integração nacional que regerá as políticas estatais, sejam inspiradas pela economia regional em seus polos de desenvolvimento, sejam inspiradas na engenharia e na definição de eixos de integração. As razões do planejamento regional estruturam um padrão de violação aos territórios de vida amazônicos, pelo uso da militarização do espaço para o estabelecimento da propriedade privada como mecanismo de expansão capitalista, pela estruturação de vetores de exportação que atravessam múltiplas territorialidades e pelo financiamento/legitimação de atividades de saque e devastação. Tudo isso por meio de grandes projetos que escancaram uma esfera de indeterminação política que torna regra a exceção.

A exportação de *commodities* por meio dos eixos de exportação atravessou as políticas nacionais pensadas para a Amazônia de distintos governos e bandeiras partidárias desde a ditadura empresarial-militar (1964-1985), mas a centralização das decisões características dessas políticas de normalização da suspensão das leis permaneceu inalterada mesmo em regimes democráticos.

A ideia do Brasil Grande, representada na Amazônia por meio da lógica de criação de Grandes Projetos, consolidou a tecnologia política dos eixos de exportação; tecnologia de poder esta que se tornou a feição "moderna" (moderno-colonial) de nossas *plantations*, uma vez que a lógica de acumulação rentista – que passa pelo alargamento da apropriação de terras, de recursos naturais e de toda sorte de bens públicos e coletivos – encontrou um novo modo de drenar matéria e energia, que continuou como consenso de Estado no Brasil nos períodos seguintes, atravessando distintas forças políticas, inclusive à esquerda do espectro político.

Em resposta a muitas críticas feitas ao projeto Carajás, Eliezer Batista recuperou a noção de Brasil Grande para justificar Grandes Projetos, afirmando:

> Só posso atribuir a campanha contra Carajás ao fermento da ignorância, que faz muitas vezes confundirmos o interesse individual como prioritário em detrimento do bem maior. O projeto consolidou o Brasil como um *player* global no setor de mineração em uma época em que ninguém falava de empresa ou economia globalizadas. Conquistamos o mercado internacional por méritos próprios, batendo de frente com concorrentes e países muito mais desenvolvidos e em melhores condições financeiras. Carajás foi à vitória de um Brasil grande sobre um Brasil que insiste em ser minúsculo. (Faro; Pousa; Fernandez, 2005, p. 135)

Essa maneira de ver pela grandeza de projetos, vale dizer, encadeia leituras de mundo a partir de um centro de onde parte o olhar: os processos de modernização capitalistas, que são também de colonialidade do poder (Quijano, 2009), do saber (Lander, 2005), do ser (Maldonado-Torres, 2007) e da natureza (Walsh, 2012).

Para Catherine Walsh (2012), a razão neoliberal se manifesta a partir de quatro formas distintas e integradas de colonialidade: a) a colonialidade do poder, que estabelece um sistema de classificação social hierárquico em termos de raça e gênero; b) a colonialidade do saber, que impõe o eurocentrismo como a perspectiva única de conhecimento, descartando a existência e a viabilidade de outras racionalidades epistêmicas; c) a colonialidade do ser, que se exerce por meio da inferiorização, des-humanização e fetichização do ser humano; e d) a colonialidade da mãe-natureza, que, ao dissociar razão, cultura, sociedade e natureza, impõe uma lógica de ver, sentir e pensar o mundo, tendo o humano como dissociado da mãe-natureza (Walsh, 2012).

Políticas como o "Avança Brasil" e "Brasil em Ação", concebidas por ocasião dos governos de Fernando Henrique Cardoso (FHC), nos anos 1990, como uma maneira de possibilitar o acesso competitivo das *commodities* brasileiras aos mercados internacionais, consolidaram o esboço desse "Brasil Grande". Ao final de sua gestão, no ano de 2002, Cardoso (2002, s/p) tece as seguintes afirmações: "Ao invés de pensarmos na concentração numa certa área ou numa certa atividade para daí, em círculos progressivos, haver o crescimento de todos, achamos que seria melhor organizar as nossas ideias em função de certos eixos de desenvolvimento".

A necessidade de maior fluidez do capital transforma a lógica de integração e desenvolvimento, historicamente presentes como respostas ao risco e vazio amazônicos, no estabelecimento de eixos que transformam a complexidade e diversidade de territorialidades que compõem a realidade regional no caminho do gado, do ferro, da soja, do milho etc.

O "*boom*" do preço das *commodities* no início do século XXI impulsionou distintos governos na América Latina, dentre eles o Brasil, a conduzir a política econômica pela exportação de produtos agrícolas e minerais como o caminho absoluto para a conquista da estabilidade macroeconômica. Luiz Inácio Lula da Silva – também colocando a roda do capitalismo à brasileira para girar pelo rentismo da expansão das *commodities* e pelos ganhos estratosféricos do sistema bancário-financeiro – em discurso durante a cerimônia de inauguração do projeto de exploração de cobre "Sossego", em Canaã dos Carajás, no Pará, em 2004, define a importância da exportação de *commodities* para a economia brasileira:

> Aqui em Carajás, debaixo deste solo, existem riquezas imensas que têm contribuído muito para o desenvolvimento e o progresso social do nosso querido Brasil [...]. A alavanca exportadora, uma das mais destacadas prioridades do nosso governo, tem alcançado objetivos extraordinários [...]. Os polos exportadores que dependem de boas estradas, portos profundos e muita energia, entre outros fatores, são fortes indutores de desenvolvimento infraestrutural. (Lula da Silva, 2004, s/p)

A alavanca exportadora se traduz em polos exportadores que dependem de grandes obras de infraestrutura para funcionar. Na Amazônia, o Programa de Aceleração do Crescimento (PAC) e os investimentos diretos do Banco Nacional de Desenvolvimento Econômico e Social (BNDES) viabilizaram políticas voltadas à consolidação e criação de eixos de exportação.

Se nos governos militares as lógicas autoritárias de operação da política se justificavam pela ideia de segurança nacional, encarnada pela formação discursiva da Amazônia como risco e vazio, agora, a força da ideia de interesse nacional, alimentada por uma imagem de nação herdeira da mesma formação discursiva anterior, irá conferir tons de normalidade a práticas de exceção. Por isso, o planejamento de Grandes Projetos para a Amazônia é, historicamente, a abertura da excepcionalidade para a política.

O pronunciamento do sr. Carlos Lessa, então presidente do BNDES, em 2003, no Seminário de Prospecção de Projetos promovido por esse banco em conjunto com a CAF esclarece o sentido de Grandes Projetos: "Creio que os 22 projetos aqui apresentados se distribuem mais ou menos assim: vinte deles somam alguma coisa em torno de 5,5 bilhões de dólares; dos dois brasileiros, o do Rio Madeira tem o tamanho dos outros 20, e há um menor. O projeto Rio Madeira, sozinho, tem quase 6 bilhões de dólares" (Lessa *apud* Carvalho, 2004, p. 46). O presidente do BNDES destacou ainda que "esse projeto era, da carteira dos nossos projetos, o que tinha mais o sentido da conquista do Oeste, o sentido da construção no interior do continente de um espaço de prosperidade e de um espaço articulado de expansão" (Lessa *apud* Carvalho, 2004, p. 46).

Lessa não defende o caráter regional do projeto: "Eu não sei se a energia dessas usinas será para Manaus, se irá numa ou noutra direção [...]". Ele destaca o caráter continental: "[...] mas estou absolutamente certo de que 4,8 mil quilômetros de aquavias – 30 milhões de hectares de terras no Brasil, na Bolívia e Peru abertos à produção [...]". Mais adiante, compara o projeto com a história dos EUA: "[...]representam para a história do continente um movimento em pequena escala do que foi a ocupação do velho oeste do continente norte-americano". E conclui: "Eu acho que é um gesto, um projeto que tem este significado de pôr a modernidade sul-americana na hinterlândia ainda não ocupada" (Lessa *apud* Carvalho, 2004, p. 46).

Olhar essas estratégias para a Amazônia é pensar discursos e práticas que carregam elementos estruturantes dos processos de produção de riqueza e valor, que atravessam a geografia histórica amazônica. Trazer para o Brasil esse fora, esse outro que é a Amazônia, a despeito de todo o nacionalismo do discurso, significa inserir essa região de forma altamente subordinada ao capitalismo internacional, para permitir que o saque de matéria e energia e a dominação territorial por interesses hegemônicos se realize por meio de uma guerra sem fim aos povos amazônicos. Pilhagem, controle do território, violência e devastação sistemáticos como gramáticas/práxis do poder! Grandes projetos, como uma engrenagem política de exceção que viabiliza saques e fluxos para inviabilizar a vida.

Em linhas gerais, podemos dizer que os diferentes métodos violentos por meio dos quais a dinâmica de espoliação se realiza na Amazônia revelam práticas subterrâneas que desmontam os sentidos de sustentação da própria ideia de democracia, mantendo um Estado de exceção com um permanente ajustamento das populações aos movimentos econômicos, em que a morte e o sacrifício regulado de alguns signifiquem a vida regulada de outros (Foucault, 2008). À violência física da morte e dos processos de desterritorialização compulsórios de povos e comunidades tradicionais, associa-se a devastação sem precedentes dos ecossistemas e de toda a dinâmica geo-bio-física por intermédio de um padrão de acumulação que opera de maneira intensiva sobre os recursos naturais, gerando grandes rupturas e fraturas metabólicas.

Uma síntese possível dessas engrenagens de morte e destruição, que historicamente foram os meios pelos quais o capitalismo se expandiu/invadiu a região amazônica, pode ser observada com a sobreposição, em um único mapa, das práticas de desmatamento e os registros de conflitos agrários, como se apresenta a seguir. Tomando-se o número de assassinatos registrados pela Comissão Pastoral da Terra (CPT) entre 2000 e 2018, e o desmatamento acumulado entre 1988 e 2018, mapeado pelo Inpe/Prodes, chama a atenção a forte sobreposição entre esses dois tristes eventos, revelando que a maior parte dos processos de violência extrema contra as pessoas se deu nas áreas em que também ocorreram fortes processos de destruição da natureza, articulando devastação e violência. Matar e desmatar caminham juntos e a propriedade privada é garantida com sangue e fogo!

**Mapa 2: Desmatamento e assassinatos por conflitos agrários na Amazônia Legal**

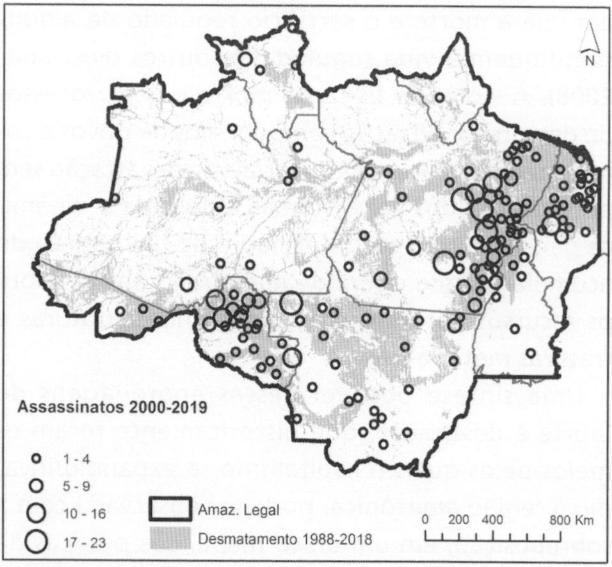


Fonte: Elaboração dos autores a partir de dados de CPT (s.d.) e Inpe (2020).

De forma geral, o exercício de leitura que fizemos, nesse capítulo, dos processos estruturantes de dependência e produção de riqueza na Amazônia pelas técnicas de poder que os tornam possíveis teve o sentido que demonstrar que tais técnicas só são construídas diante das milhares de formas de *r-existência* dos povos amazônicos às dinâmicas de expansão/invasão capitalistas. A dimensão que elas possuem revelam as dimensões estruturantes das *r-existências* em distintos contextos, que serão mais bem aprofundadas no quarto capítulo. Da insubordinação à catequese, a fuga de escravos e formação de quilombos, do protagonismo dos tapuios na cabanagem ao compartilhamento de saberes que pluralizaram a Amazônia, as ruínas nos servem para politizar a memória e ativar as lutas do presente.

Entretanto, até aqui construímos uma geografia histórica amazônica privilegiando a crítica ao capitalismo por meio da exposição das engrenagens de guerra aos povos que significa a expansão/invasão espoliadora na Amazônia. A partir do próximo capítulo, uma outra dimensão crítica será tomada como central: a da ecologia política. Iremos, portanto, entender de que maneira essas transformações, lidas até aqui como mudanças na racionalidade e nas engrenagens de violência e devastação do capitalismo, também são mudanças metabólicas, o que nos diz que a aceleração do saque e da pilhagem da Amazônia tem muito a explicar sobre o atual colapso metabólico que vivemos.

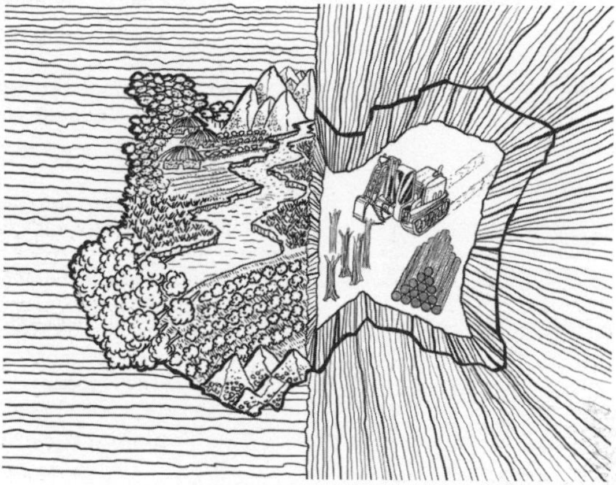

# A AMAZÔNIA E O COLAPSO METABÓLICO: DISPUTA DE PARADIGMAS

Kupe parece saúva mesmo, apareceram
só para pegar a folha dos outros.

*Krôhôkrenhum Jõpaipaire*

A floresta também pode se vingar de nós,
quando ela é ferida.

*Davi Kopenawa Yanomami*

Quando se fala dos Grandes Projetos
na Amazônia, não tem nada de grande,
porque grande pra nós é o que enobrece,
é o que dá alegria, é o que promove a
vida, o meio ambiente, é, enfim, o que
dá felicidade e dá vida. Esses projetos
não são grandes, são monstruosos, são
monstros que são jogados na Amazônia
pra detonar, pra acabar, pra matar tudo.

*Antônia Melo, Movimento
Xingu Vivo para Sempre*

A LEITURA DAS ESPECIFICIDADES DA FORMAÇÃO TERRITORIAL AMAZÔNICA, no capítulo anterior, revelou, por meio das ruínas dos processos de colonização e modernização da região, as marcas de uma persistente colonialidade que está diretamente relacionada à conformação do sistema--mundo moderno-colonial. Sublinhe-se a ideia de uma organização social em escala global, iniciada com a colonização das Américas e seus povos, com capacidade crescente de condicionar as histórias regionais e organizar suas inter-relações a partir de assimetrias e hierarquias de poder. Dentre as múltiplas dimensões dessas relações, ganha destaque a dominação do colonizado, legitimada por meio da criação da ideia de um outro inferiorizado, ou até mesmo exteriorizado, pelas noções de raça, de gênero e de cultura, mas também a dominação da natureza para a exploração de seus recursos e distribuição de seus rejeitos de forma desigual, configurando uma espoliação de matéria e energia, mas também de saberes.

Desde a Revolução Industrial, em suas diferentes fases, até o padrão de produção e consumo de massa do fordismo, a escala desses processos de conquista territorial e estruturação moderno-colonial foi sendo ampliada em função, em grande parte, do domínio das energias fósseis como o carvão, o petróleo e o gás natural (Porto-Gonçalves, 2012). Diferentemente da energia solar presente na biomassa viva graças ao metabolismo da fotossíntese, seja como lenha, seja como alimentos para a força de trabalho humana ou para a tração animal, a energia fóssil representa uma energia altamente concentrada em determinadas matérias, fotossintetizadas e mineralizadas há milhões de anos, portanto, não dependente do metabolismo da natureza viva no tempo presente. A liberação de energia fóssil, aplicada à produção e à circulação, na fábrica e nos transportes, permitiu uma transformação radical na geografia social e de poder mundial, ampliando as escalas de extração e alterando as relações espaço-tempo do deslocamento entre matérias-primas e centros de transformação industrial, bem como entre produtos acabados e lugares de consumo, reforçando a concentração urbana, a especialização monocultural da agricultura e o extrativismo mineral empresarial (Porto-Gonçalves, 2012). A interdependência apontada por Altvater (2010) entre capitalismo, energias fósseis e racionalidade industrial a configura, portanto, como um sistema de organização social capitalista-industrialista-fossilista.

No caso da Amazônia, durante a década de 1960 esse processo ganhou uma aceleração e ampliação numa escala totalmente nova, a partir do novo padrão metabólico de produção do espaço geográfico por meio da espoliação. Os processos de espoliação, nesse novo padrão geográfico, alcançaram territórios que haviam sido *re-convertidos* em refúgios para os povos e comunidades amazônidas, criando novos *fronts*. Por isso, esse processo recebeu oficialmente a nomeação militar de Operação Amazônia. Lançada em 1966, essa operação inaugura uma perspectiva que, de diferentes formas, vem sendo mantida para garantir que nossa especialização na exportação de *commodities* sustente a dinâmica especulativa e financeirizada de um capitalismo que, em escala crescente, tenta subordinar a vida em todas as suas dimensões.

Nesse sentido, a década de 1960 pode ser entendida como um novo momento constitutivo (Zavaleta Mercado, 1986) da região, não pela continuidade da espoliação em si, mas pelo risco de colapso metabólico. A emergência de uma preocupação ambiental na e sobre a Amazônia expressa, portanto, uma nova fase de sua conformação como parte do sistema-mundo moderno-colonial, não mais limitada como fonte de matérias-primas tradicionais, como produtos florestais e minerais, mas como parte da regulação metabólica do planeta, que recoloca os termos das tensões entre o colonialismo interno e sua conexão mundial.

Desde Brasília, as estradas rasgaram a Amazônia: em 1960, se inaugurou o trecho que vai de Brasília a Cuiabá e daí a Porto Velho; em 1962, a Belém-Brasília e, nos anos 1970, a Transamazônica conectava a região Nordeste à Amazônia, com a interligação de uma região de "homens sem-terra a uma região de terras sem homens", conforme declaração do então presidente-ditador, general Garrastazu Médici. Não deixemos escapar o não dito dessa frase: a subjacente questão (da reforma) agrária sempre negada, a visão colonial que via a Amazônia como vazio demográfico e a preocupação de garantir com mão de obra os grandes projetos que a partir de então ali se implantariam.

As estradas não acompanharam os vales dos rios, ao contrário, foram construídas ao longo dos divisores de água e, com isso, passaram a promover o desmatamento que a partir delas se espraiou. Cientistas como Orlando Valverde (1989) e Aziz Ab'Saber chamaram a atenção para o triste espetáculo de fazendas de gado que tiveram que construir açudes para guardar água numa região conhecida por sua grande pluviosidade. Os rios, que antes eram caminhos, nesse momento também foram barrados com grandes complexos hidrelétricos. E com os rios barrados foram afetadas centenas de comunidades ribeirinhas, indígenas e quilombolas, sobretudo a jusante.

Mas, mais do que isso: há uma profunda ruptura metabólica que desde então se estabelece na região com enormes consequências para o Brasil, para o planeta e para toda humanidade. A enorme extensão territorial da floresta, sua biomassa, sua diversidade biológica e cultural, sua magnitude de água que abriga e recicla, sua bacia hidrográfica – a maior do planeta – caracterizam a região cujo grande dínamo é o Sol que move a vida, mas também a Lua, que define, dentre tantas coisas, os ciclos de fertilidade. Essa região passa a ser atravessada pelas estradas, por onde trafegam caminhões movidos a energia fóssil. O avanço/invasão da soja, da mineração e do gado é movido a trator e a combustível fóssil. Os caminhões frigoríficos necessitam de muita energia fóssil não só para se deslocar, mas para transportar a carne frigorificada. O mesmo nos silos e armazéns, sem falar nos caminhões fora de estrada, no trem de ferro e toda logística da mineração.

A energia hidrelétrica é exportada por linhões para o resto do país e, como insumo barato, no minério exportado para o mundo. E não esqueçamos o que nos ensinam os físicos: energia é capacidade de trabalho e trabalho é capacidade de transformar a matéria. Desse modo, quanto mais energia, maior é a transformação da matéria que, na Amazônia, é sua enorme riqueza em biomassa, ameaçada pelo avanço/invasão do gado, da soja, da cana e de outras monoculturas, como a do eucalipto e do pinus que sustentam a transformação do minério de ferro em ferro-gusa.

O antropólogo Paul Little (2013, p. 59) captou esse processo desencadeado pelos megaprojetos extrativos e de infraestrutura e o batizou, de modo preciso, como "parte de outro modo de adaptação humana: a industrialização". Little (2013, p. 59) argumenta que "os megaprojetos requerem grandes quantidades de energia, dependem de milhares de pessoas para sua construção, recebem altas quantidades de capital financeiro e tecnológico e transformam a paisagem florestal e as correntes hidrológicas nos lugares onde se implantam".

Para o antropólogo, esses megaprojetos transformam o modo de vida e de adaptação ao bosque, mudando totalmente as formas tradicionais de vida no meio rural. Ele analisa o tempo de transformação que ocorreu na Europa: "Historicamente, o processo de industrialização de uma região durava décadas (por exemplo, o processo de industrialização da Inglaterra) e as mudanças que provocava eram internalizados por distintas gerações de forma gradual e de distintas formas" (Little, 2013, p. 59). E compara com a transformação brusca e rápida na Amazônia: "No caso dos megaprojetos amazônicos, estamos ante processos extremadamente velozes de industrialização nos quais áreas rurais se transformam em áreas urbanizadas no lapso de poucos anos" (Little, 2013, p. 59).

Paul Little explica o que seriam os processos forçados: "Não se consulta aos povos locais antes da instalação do megaprojeto sobre a "industrialização" de seus territórios e a mudança em seu modo de adaptação. Por isso são processos forçados de industrialização da selva (Little, 2013, p. 59).

"A velocidade da industrialização está acompanhada por seu aspecto impositivo" é o modo elegante com que Paul Little bem sintetizou o que poderíamos chamar da ditadura do capital, que muito mais do que industrialização deveria ser chamada de espoliação industrial, uma vez que a aceleração e a ampliação da escala de extração de matéria e energia não gerou um processo real de industrialização na própria região. A Amazônia passou a ser objeto de uma nova pilhagem em proporções gigantescas, industriais, que opera em escala pan-amazônica e não mais de um modo descontínuo no espaço e no tempo.

Antes, a Amazônia era considerada uma sub-região que, num determinado momento, servia como objeto de exploração, mas que, atingido seu objetivo, era abandonada, como o minério de manganês no Amapá, a cassiterita em Rondônia, o ouro em Serra Pelada ou a exploração da seringa no Acre. Com toda a logística dos grandes projetos e seus desdobramentos em um megaprojeto de megaprojetos, como a IIRSA, já não é mais uma sub-região específica que se vê atingida e sim a região como um todo. Por isso, é de outra magnitude a ruptura metabólica que se instaurou desde os anos 1960 (Porto-Gonçalves, 2017).

A Amazônia, um bloco maciço de floresta e rios com 800 milhões de hectares, dos quais 490 milhões de hectares, no Brasil, começa a ser fragmentada pelas estradas e barrada pelas hidrelétricas. Com a energia, os grandes projetos de mineração se estabeleceram, e pelas estradas chegaram madeireiros, fazendeiros, empresários agrícolas e, também, muitos camponeses expulsos de suas terras, originários de todo o país. A não realização da reforma agrária no Brasil alimentou a colonização/invasão da Amazônia.

As estradas não são eixos de integração e corredores de desenvolvimento, como consta nos projetos da IIRSA, mas eixos de desmatamento, violência e conflito. Mais que integração, são corredores por onde seguem caminhões com grandes volumes de carne, de soja, de ferro, de carvão, de bauxita, de celulose, de cana. O metabolismo da produção industrial do capitalismo global demanda volumes de matérias-primas em aumento exponencial – a Grande Aceleração – que exigem meios de transportes que desloquem grandes volumes por meio de navios cargueiros para todo o mundo pelos portos de Barcarena, no Pará, ou Itaqui, em São Luís, no Maranhão. Cerca de 1.100 km de ferrovia da Estrada de Ferro Carajás (EFC) ligam o complexo minerário (ferro, manganês, níquel...) de Carajás a São Luís, no Maranhão, uma ferrovia que não conecta, a não ser subsidiariamente, as comunidades por onde passa.

Rigorosamente as atravessa e, por isso, muitas comunidades têm que esperar horas durante o dia para a passagem dos comboios com mais de 300 vagões. A fuligem e o barulho, além da trepidação dos trens que racham as paredes das casas, atormentam a vida das comunidades, haja vista que a estrada de ferro não foi feita para elas. A escala onde a vida das comunidades se dá é atravessada pelas demandas em volumes globais. Enfim, como bem definiu Anacleta Pires, liderança quilombola do Maranhão, cuja comunidade é atravessada pelos trilhos da EFC, não estamos falando de eixos de exportação ou corredores, mas de uma "navalha que tudo corta".

A Amazônia Oriental, sobretudo o Pará Meridional e o Maranhão Ocidental, viu a implantação de grandes projetos construídos sobretudo durante a ditadura, o que dá precisão à afirmação de Paul Little de que "a velocidade da industrialização está acompanhada por seu aspecto impositivo". Isso também nos lembra a ideia de que espoliação e Estado de exceção caminham juntos. Trata-se, com certeza, da sub-região da Amazônia mais profundamente alterada em seu metabolismo por toda a logística onde se entrecruzam rios, ferrovias, rodovias, grandes complexos minerários, fazendas de gado e monoculturas para abastecer o circuito metabólico da produção industrial que, cada vez mais, se concentra na Ásia, sobretudo na China, onde estão as grandes corporações transnacionais com sede nos países centrais. Registre-se o que a pandemia do coronavírus viria explicitar: os países centrais imperialistas`, como a França e os EEUU, tiveram que importar respiradores e demais equipamentos médicos diretamente da China. Importações essas, inclusive, de corporações industriais cujo capital tem sede em seus próprios países.

Assim, temos uma geografia desigual de proveitos e de rejeitos: proveitos para o capital das grandes corporações e as regiões que recebem os bens da natureza transformados em matéria-prima; rejeitos que ficam na região de extração, sobretudo para os que nela vivem, e não para seus acionistas em São Paulo ou Nova York, Londres, Berlim, Paris, Tóquio ou Pequim.

O mesmo se passa com a indústria de alumínio na qual a transformação da bauxita em alumina e depois em alumínio, além de exigir montantes de energia elétrica sem limites, deixa grandes volumes de uma lama vermelha altamente tóxica. A prática da queimada para formar fazendas e para produzir carvão vegetal contribui para um ar tóxico que tornam frequentes as doenças respiratórias. E não esqueçamos do ouro que, quando tem seu preço elevado nos mercados especulativos, provoca uma corrida empresarial bem articulada a milhões de garimpos na Amazônia, o que significa invasão, morte, desmatamento e destruição de patrimônios bioculturais indígenas, sem falar dos rastros de poluição nos rios pelo mercúrio e outros tóxicos deixados.

Por todos os ângulos que se considere a dinâmica desse complexo contraditório de desenvolvimento, desigualdade e devastação, a vida não é respeitada. Não só a vida da fauna e da flora, da floresta e dos rios, mas também a vida dos diferentes grupos/classes sociais imersos numa hierarquia da estrutura social marcada pela colonialidade e, portanto, pelo racismo e pela discriminação de classe.

Para que tudo isso pudesse ser implantado, migrantes foram e continuam sendo estimulados a vir para a região, instigados por um nacionalismo duvidoso do "integrar para não entregar" quando, na verdade, entregam-se nossas terras – solo e subsolo – e nossos rios com energia subsidiada para lavar/levar nossos minérios, com apoio do Estado que atrai grandes corporações transnacionais de países imperialistas. Não devemos ignorar o financiamento de capitais de países que atualmente defendem a Amazônia contra o desmatamento, mas que apoiaram o desenvolvimento devastador do período da ditadura. E ditadura, deixemos claro, é governo que se impõe à revelia do povo! Devemos pagar uma dívida que não contraímos como povos? No direito internacional se designa a isso como dívida odiosa.

É uma outra temporalidade que se instaura imposta pelos grandes capitais, e não o tempo da vida. A floresta, agora fragmentada em blocos separados por estradas por onde avançam fazendas de gado e monoculturas de exportação, tem suas condições metabólicas alteradas de modo tal que suas margens, numa faixa de até 100 metros (efeito de borda), veem sua umidade relativa do ar cair abaixo de 65%, o que facilita a autopropagação do fogo.

**Mapa 3: Focos de calor na Amazônia Legal: Satélite NOAA-20 entre 01/08/2019 a 31/07/2020**

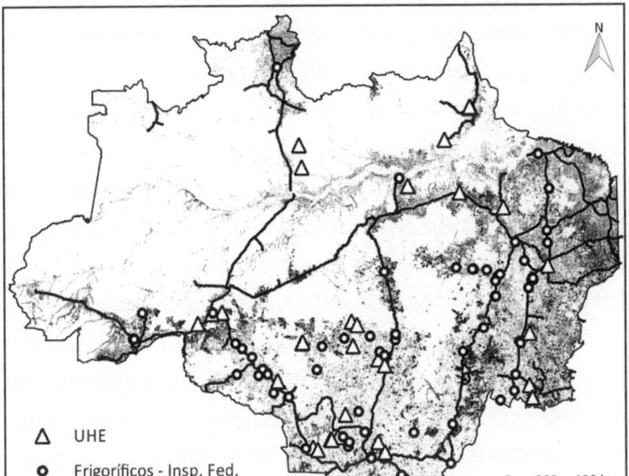


Fonte: Elaboração dos autores a partir de dados de Inpe (2020), Amazônia Socioambiental (2020), Imazon (2017), Brasil (2015).

A sobreposição entre focos de calor, os principais indicadores de queimadas, e algumas das infraestruturas da espoliação industrial, como pode ser visto na figura acima, produz uma imagem do colapso metabólico em que a entropia se sobrepõe à neguentropia ou à autopoiesis, rumo a processos irreversíveis de perda de resiliência da floresta e, por isso, de seu colapso. Dadas as gigantescas proporções desses processos, seus efeitos não são destrutivos apenas para a própria região e seus povos e comunidades. Seus efeitos afetam o equilíbrio metabólico de todo o planeta, mundializando a preocupação com sua preservação ambiental (Porto-Gonçalves, 2017).

Enquanto o conceito termodinâmico de entropia, um processo irreversível de degradação de matéria e energia, indica uma condição-limite a ser considerada à expansão econômica ilimitada, a entropia negativa, ou neguentropia, trata de um processo em sentido contrário em que a produção de biomassa – por meio da captura e transformação da energia do sol pela fotossíntese – gera ordem, vida, criatividade e produtividade da natureza. Enrique Leff mobiliza esses conceitos para propor um novo paradigma econômico baseado na produtividade neguentrópica originada com o processo fotossintético, com a organização ecológica da biosfera, mas também com a organização simbólica e a significação cultural da natureza (Leff, 2004, p. 143-149). Um paradigma cuja base se assenta, portanto, na capacidade de auto-organização e autoprodução dos seres vivos, como indica o conceito de autopoiesis (Maturana; Varela, 1994).

A emergência de uma questão ambiental na Amazônia está, portanto, relacionada à crise originada com uma mudança profunda no metabolismo planetário em função da "Grande Aceleração", também chamada por outros como o período de ouro do capitalismo, com seu aumento exponencial de demanda por matérias-primas extrativas, agrícolas e minerais para garantir a expansão do *american way of life*, ou seja, da ideologia que afirma a hegemonia geopolítica dos EEUU.

Afinal, a poderosa máquina de guerra desenvolvida pelos EEUU durante a Segunda Guerra Mundial passaria a ser usada para produzir *gadgets*, bens de consumo de valor duvidoso quanto à sua necessidade. Sabemos que esse é um conceito polêmico, mas não é polêmica a afirmação do historiador inglês E. P. Thompson (Thompson *et al.*, 1985 e Thompson, 1996) sobre as gerações que nasceram após a guerra: são as primeiras, em toda a história da humanidade, em que os grupos de socialização primárias, a família e os vizinhos imediatos, perderam a primazia na formação dos desejos e necessidades de seus filhos. A televisão e a indústria do entretenimento (Hollywood) terão um papel fundamental na formação dos gostos.

A crise dessa "Grande Aceleração" leva à emergência de movimentos de contestação da ordem, apoiados em um debate filosófico (e político) profundo sobre o devir civilizatório, polarizado entre, de um lado, liberais capitalistas e, de outro, socialistas, comunistas e anarquistas sobre a construção do "homem novo". Esse debate que teve nos anos 1960 seu momento de maior explicitação, apesar de ignorar os povos não ocidentais, dada a colonialidade *eeuu*rocêntrica ainda predominante, recebeu muitas contribuições do movimento ecológico. Esse movimento nasceu junto às lutas anti-imperialistas no dito Terceiro Mundo, com os movimentos como o antinuclear; o pacifista, no auge contra a guerra do Vietnã; o negro pelos direitos civis nos EEUU, e o das mulheres. A ideia de um "homem novo" talvez tenha tido no pensamento do médico argentino-cubano Ernesto Guevara, o "Che", seu momento de maior visibilidade. Não à toa sua imagem se tornou um logo tão conhecido no mundo como a Coca-Cola, mas sem contar com um patrocinador e sim como um senso comum revolucionário.

É interessante registrar que a crítica ao consumismo se desenvolvera sobretudo entre setores das classes médias europeias e estadunidenses, ou seja, em países que haviam alcançado padrões elevados de consumo, a partir de movimentos como os *hippies* e os *beatniks*. Também entre as esquerdas, uma outra clivagem se abria em que os chineses passaram a questionar o padrão soviético de desenvolvimento, de inspiração ocidental urbano-industrial, e defender uma revolução cultural em que os camponeses tinham papel protagônico. Tanto os *vietcongs,* que derrotaram pela primeira vez militarmente o poderoso exército estadunidense, como a revolução cultural chinesa e o pensamento de Che Guevara exerceram grande influência na juventude, inclusive nos países centrais.

A emergência da questão ambiental teve forte influência das lutas populares dos anos 1960, seja a partir de suas preocupações sociais expressas nos movimentos feministas, estudantis e etnorraciais, fortalecidos com as lutas de descolonização na África e na Ásia, seja a partir de suas preocupações mais estritamente ecológicas decorrentes dos efeitos destrutivos à vida causados pelo capitalismo-industrialista-fossilista, expressos na poluição industrial, mas também nas tecnologias armamentistas, inclusive a nuclear, que descortinavam uma crise civilizatória e uma busca por horizontes de superação da modernidade (Porto-Gonçalves; Leff, 2015).

No entanto, pouco a pouco, o debate sobre o devir civilizatório foi sendo deslocado com a hegemonia da ideia de bem-estar, traduzida pelo que cada um tem e consome, substituindo o debate que as esquerdas até ali sustentaram acerca da construção do "homem novo". É preciso estar atento para as implicações do consumismo na afirmação do individualismo, na medida que o gozo proporcionado pelo consumo é sempre de cada um individualmente. A rigor, não se constrói uma sociedade simplesmente com a soma de indivíduos que tende a exacerbar a dimensão egoica e a colocar no social suas projeções narcísicas, o que configura o próprio homem lobo do homem – *homo hominis lúpus* hobbesiano. Freud percebera o nascimento dessa perspectiva no seu texto *Psicologia das massas e análise do eu*, escrito em 1921, e considerado por muitos como a primeira análise do fascismo. A ideia do bem-estar a ser vivido pelo que se consome foi uma ideia poderosa, que se espalhou pelo mundo em nome do desenvolvimento patrocinado pelos novos missionários do Banco Mundial e pelo grande capital transnacional hegemonizado pelos EEUU.

O desenvolvimento tornou-se o novo conceito colonial, como um dia foi catequizar, colonizar, levar o progresso e civilizar. O filósofo francês Felix Guattari (Guattari e Rolnik, 2005) cunhou um conceito forte da nova colonização de corações e mentes com a ideia de que estava em curso um poderoso processo de "fabricação capitalística da subjetividade".

A incorporação e institucionalização da questão ambiental pelas elites capitalistas globais, desde o Relatório do Clube de Roma, em 1972, refletiu o reconhecimento de que o desenvolvimento capitalista estaria comprometendo suas próprias bases de reprodução (Acselrad, 2004). Apesar de sua origem nas lutas sociais, o desafio ambiental, com essa captura gestorial-empresarial, correspondeu a um ajuste nos comportamentos de produção e consumo, de cálculo econômico e de formas de regulação institucional que permitiu a permanência do padrão de desenvolvimento dominante.

Esse reconhecimento não ficou restrito à dimensão ambiental, pois era associado à crise mais ampla do regime de regulação fordista dos países de capitalismo industrializado. Por isso, seus desdobramentos também não estavam dissociados de um esforço de restabelecimento do poder de acumulação das classes dominantes, enfrentando não apenas seus próprios limites, mas a oposição do conjunto das organizações trabalhistas que também cresciam naquele contexto. Para David Harvey, os pilares desse restabelecimento do poder de classe foram as inovações tecnológicas e organizacionais da produção industrial, a liberação de uma dominação financeira da economia, a ampliação dos "ajustes espaço-temporais" e da acumulação por espoliação e a legitimação desses processos com base nas concepções mentais vinculadas ao neoliberalismo, à globalização e aos padrões estéticos da pós-modernidade (Harvey, 2005, 2008a, 2008b). Emergiu, dessa forma, um novo regime de acumulação flexível, que passou a orientar a resposta do capital às suas crises, inclusive a ambiental.

Como alertara Milton Santos, a base material e ideológica em que se fundam o discurso e a prática da globalização é a tecnociência, definida como um sistema técnico que não pode ser dissociado de um sistema de ações, de normas e de valores, que medeia as relações sociedade e natureza e são, portanto, relações de poder (Santos, 2006). Ainda com Milton Santos, é preciso tomar em conta o significado da diferença entre um objeto técnico (e sua tecnologia) e um objeto natural. Um objeto técnico é, sempre, um objeto impregnado de intencionalidade (que nunca é técnica) e, por isso, quando falamos de revolução técnica é preciso considerar que se trata de uma revolução nas relações sociais e de poder por meio da tecnologia. Assim, não só revolução industrial, mas sim revolução (nas relações sociais e de poder por meio da tecnologia) industrial, assim como outras.

Um tecnopoder, pois, como afirma Ceceña (2008), a tecnologia é a maneira capitalista de se apropriar do conhecimento e vitalidade de todos os seres vivos, humanos ou não, e, portanto, é instrumento de competição, controle e dominação econômica e militar.

No meio técnico-científico-informacional (Santos, 2006) do período da globalização, ganham centralidade as tecnologias desenvolvidas por meio da microeletrônica, informática e robótica, mas também nanotecnologias, biotecnologia e engenharia genética, aprofundando a dominação para todos os níveis da vida – dos ecossistemas ao nível intracelular –, colocando a biodiversidade como fonte de acumulação de capital e as corporações transnacionais de biotecnologia como centros de biopoder (Porto-Gonçalves; Leff, 2015). Criou-se, segundo esses autores, uma geopolítica da biodiversidade e do desenvolvimento sustentável que garante uma exploração conservacionista da natureza em que territórios com elevada diversidade cultural e biológica são vistos como reservas naturais valorizadas pela sua riqueza genética, potencial turístico ou capacidade de retenção de carbono, criando novos tipos de latifúndios genéticos (Porto-Gonçalves, 2002) de onde extraem renda da terra, como uma renda da vida (Bartra, 2006).

Os pilares da globalização neoliberal, especialmente a dominância financeira e as tecnologias baseadas na manipulação profunda de organismos vivos e da informação, levam a uma ideia de desmaterialização da acumulação capitalista. No entanto, essa é uma ideia equivocada, pois além dos novos fluxos mundiais de informação, também se intensificaram os velhos fluxos de matéria e energia que marcaram as hierarquias de poder mundial desde a revolução industrial. Como afirma Ceceña (2008), não se pode esquecer que o intenso desenvolvimento tecnocientífico desse período, especialmente em seus aspectos econômicos e militares, requer uma necessidade crescente de recursos estratégicos, tanto biológicos, como minerais, que estão na base da produção das novas tecnologias e da energia para realizá-las e movê-las, conferindo ao controle dos seus territórios de origem, bem como das infraestruturas que garantem os fluxos de abastecimento, um forte componente da militarização do mundo.

Escamoteando o redesenho da geografia do comércio mundial e das relações entre financeirização, imposição de ajustes estruturais e crescimento das exportações de matérias-primas de diferentes partes do mundo em direção aos centros de poder, analisadas por Porto-Gonçalves (2012a), o conceito de desenvolvimento sustentável se coloca a partir de categorizações socialmente vazias, pois ignora as disputas em torno da apropriação e uso da natureza (Acselrad, 2004). Invisibilizam-se, dessa forma, as contradições sociais a respeito da apropriação dos recursos dos territórios, cuja principal referência é o chamado Relatório Brundtland, publicado em 1987, que, com seu recorte intergeracional, abre mão da diversidade/da clivagem social tanto no futuro como no presente.

A década de 1990 é aquela em que a questão ambiental atingiu maior visibilidade no cenário internacional, passando a fazer parte das atenções de diferentes segmentos sociais, mas também expressando a intensificação dos conflitos de interesses acumulados em processos anteriores de institucionalização, de protagonismo de povos e comunidades indígenas e camponesas e de entrada em cena das grandes corporações mundiais. Foram inauguradas, com a Rio-92, não apenas as grandes convenções internacionais, como os fóruns paralelos da sociedade civil organizada, explicitando as tensões, no campo ambientalista, entre seus sentidos de liberalização mercantil e empresarial, de um lado, e de democratização e justiça social, de outro (Porto-Gonçalves, 2012).

A Amazônia teve papel de destaque nesse processo, a partir das imagens que ganharam o mundo e geraram preocupações de diferentes matizes: devastação, exploração, violência e resistência relacionados aos grandes projetos dos governos empresariais-militares (Porto-Gonçalves, 2001). Mas entraram em cena também outros protagonistas, como os Povos da Floresta, o que Martinez Allier chamaria de ecologismo popular. Enfim, começou um debate em torno da crise de paradigmas. Mas atenção: os paradigmas não caem dos céus como se fossem somente um conjunto de referências teórico-conceituais-metodológicas-epistêmicas que, todavia, são. Os paradigmas são instituídos e a crise de paradigmas é também uma crise dos grupos/classes sociais/processos que os instituíram e sua sociedade e, assim, não é apenas uma crise que se passa no mundo das ideias, mas no mundo mundano no qual as ideais são forjadas e instituídas, enfim, nas lutas sociais, inclusive, entre as classes.

A partir de então, vários paradigmas capitalistas de relação sociedade e natureza na Amazônia passaram a se confrontar: um deles, em que a Amazônia se integra ao regime de acumulação fordista pela artificialização homogeneizadora da paisagem por meio da imposição de uma expansão/invasão técnica; um segundo, em que a região se conecta ao regime de acumulação flexível, como meio técnico-científico-informacional, mediado pelo mercado e em busca de uma cientificização da paisagem que, mantendo sua complexidade ecológica, torna-a fornecedora de genomas e serviços ecossistêmicos. Emerge um conflito intracapitalista na Amazônia entre um paradigma fordista fossilista e um paradigma biotecnológico flexível que se apresenta como defensor de um desenvolvimento a partir da "floresta em pé". Entre o saque e a destruição das energias vitais dos povos e a subordinação da vida às flutuações especulativas de mercado, o abismo, embora pareça grande no discurso, é bem menor na realidade.

A crítica ao paradigma fordista fossilista na Amazônia, portanto, emerge no contexto dessa disputa política pela construção das alternativas a ele, bem como dos protagonistas a comandá-las. Um exemplo emblemático é o reconhecimento, pela *Revista Time*, do Planeta Terra como personalidade do ano, em 1988, poucos meses antes do assassinato do seringueiro Chico Mendes (1944-1988) que, com sua liderança, garantiu o protagonismo dos Povos da Floresta no debate sobre a Amazônia daquele período. No entanto, o reconhecimento internacional da crise ambiental e dos riscos à Amazônia não necessariamente significou a aceitação dos povos e comunidades amazônidas como os agentes sociais capazes de apresentar as alternativas para sua superação.

Para Becker (2015), as conquistas territoriais dos povos e comunidades amazônidas, especialmente após a Constituição de 1988, marcaram a emergência de um vetor de transformação regional "tecno-ecológico", baseados em uma aliança contraditória entre projetos com interesses diversos. Em linhas gerais, articulavam-se projetos que expressavam desde preocupações com a preservação do mundo natural como estoque de vida e/ou reserva de valor, representados por ONGs, igrejas, empresas, governos e organismos multilaterais, até projetos sustentados por povos e comunidades do campo e seus apoiadores, que se desdobravam das experiências associadas à sócio-bio-diversidade regional e suas lutas sociais. Relações perigosas.

Essas alianças contraditórias, baseadas na ideia-força da importância da manutenção da "floresta em pé" como base do desenvolvimento amazônico, contrapunha-se a um segundo vetor de transformação regional, denominado por Becker (2015) de "tecno-industrial", herdeiro da economia de fronteira e seus interesses nos recursos naturais, especialmente minério e madeira, e nos negócios, representados por bancos e empresas nacionais e estrangeiras. Para Costa (1992), essa aliança contraditória atuou fortemente no sentido de fragmentar outras alianças possíveis no conjunto dos povos e comunidades do campo, amplificando diferenciações entre um campesinato caboclo, cuja reprodução social estava mais ligada à floresta em pé, e um campesinato de migração recente, cuja reprodução social era mais fortemente ligada à produção agropecuária.

Em trabalhos mais recentes, Costa (2012) tem interpretado a dinâmica agrária na Amazônia integrando o reconhecimento de uma heterogeneidade estrutural e de uma diversidade de agentes que leva a distintas trajetórias tecnológicas, com suas respectivas relações com a terra, com a produção, com a natureza e com as instituições. A base da diferenciação, para o autor, está nos critérios que organizam a tomada de decisão dos agentes. Eles estão baseados na eficiência marginal do capital e apoiados no mercado de trabalho assalariado e no mercado de terras, no caso dos agentes rurais patronais, ou na eficiência reprodutiva dos agentes que compõem o campesinato, cuja centralidade é a reprodução social da família.

Mesmo diferenciando-se da indústria, que tende sempre a lidar com a natureza morta, reduzida à condição de matéria-prima, os diferentes agentes da produção rural que, via de regra, lidam com a natureza como força produtiva, constroem trajetórias distintas, desde aquelas que se guiam pela transformação industrialista da natureza, simplificando-a e homogeneizando-a ao extremo, e aquelas que se guiam pela sua manutenção como força ativa da produção que, por meio da mediação do trabalho vivo e da cultura, incorporam também as questões reprodutivas da própria natureza.

Mesmo que os agentes patronais rurais tendessem sempre ao primeiro caso de relação com a natureza e os camponeses ao segundo, na complexidade agrária da Amazônia, essas trajetórias tecnológicas muitas vezes se entrecruzaram, não permitindo diferenciações internas ao campesinato de forma estanque (Costa, 2012). A emergência do "consenso das *commodities*" nas primeiras décadas do século XXI não significou apenas um revigorar do vetor "tecno-industrial", nos termos de Becker (2015), ou de um paradigma fordista fossilista expresso pela ampliação do agro-minero-negócio e seus sistemas logísticos, mas um rearranjo político marcado pela aliança entre os interesses tecno-industriais e tecno-ecológicos. Com isso, foram conformadas as bases do chamado capitalismo verde, cujo pilares assentam-se na articulação entre uma intensificação tecnológica da produção agromineral nas áreas mais desflorestadas e uma economia do conhecimento nas áreas mais preservadas, baseada na exploração da biodiversidade e dos serviços ecossistêmicos, por meio de um paradigma biotecnológico flexível.

Essa aliança política confere protagonismo ao agro-minero-hidro-bio-carbono-negócio e, consequentemente, leva à criminalização das lutas dos povos e comunidades do campo e a sua subordinação, induzindo-os a um padrão produtivo industrialista, que reduz a natureza à matéria-prima, seja nas suas formas clássicas, seja nas suas novas formas biotecnológicas. Revela-se, nesse processo, uma tentativa de avanço do paradigma biotecnológico flexível pela aliança política e a incorporação econômica das atividades e agentes ligados ao paradigma fordista fossilista pela via da sua modernização tecnológica nas áreas consideradas como já desmatadas.

## A construção do paradigma biotecnológico flexível na Amazônia e seus limites

Na mesma medida em que a Amazônia ganhava importância no debate ambientalista mundial, intensificavam-se as disputas pelas interpretações sobre os caminhos para sua preservação, bem como sobre os agentes privilegiados para trilhá-los. Do ponto de vista empresarial, afloraram debates sobre a importância da preservação da floresta amazônica, seja como fonte de recursos naturais de nova ordem, como água e biodiversidade, seja como fonte de serviços ambientais relacionados à regulação do equilíbrio hidrológico e climático do planeta. Do ponto de vista do pensamento crítico, ampliaram-se os meios de articulação internacional dos movimentos de *r-existência* protagonizados por povos e comunidades do campo que, ao politizarem suas lutas sociais integrando ecologia e justiça social, apresentaram novas possibilidades de resposta não apenas à crise ambiental, mas à própria crise civilizatória em curso.

O livro *Changing Course*, de Stephan Schmidheiny, ideólogo empresarial e presidente do *Business Council for Sustainable Development*, instituição que congregava um amplo leque de corporações mundiais, exerceu forte influência no pensamento ambiental empresarial. Sua tese defende que o meio mais apropriado para se alcançar o propalado desenvolvimento sustentável seria o mercado operado livremente e, portanto, conferindo às corporações multinacionais o papel de agente prioritário. A incorporação dessa tese pelos organismos multilaterais, como o Banco Mundial e o FMI, e pelas grandes ONGs, cada vez mais distantes dos movimentos sociais, impulsionaram o tratamento do meio ambiente como mercadoria inserido em uma geopolítica do neoliberalismo ambiental (Porto-Gonçalves, 2012), levando a deslocamentos na visão dessas instituições sobre a problemática ambiental na Amazônia. O debate sobre pecuária e desmatamento é ilustrativo desses deslocamentos.

Nos anos 1980 e início dos anos 1990, um período em que a problemática ambiental amazônica estava fortemente marcada pela crítica ao projeto da ditadura empresarial-militar e pelas lutas dos povos da floresta, emergiram profundas reflexões sobre a relação entre pecuária e desmatamento. Autores como Fearnside (1991) e Hecht (1993) indicavam que a expansão da pecuária na Amazônia era resultado de complexos processos políticos e econômicos locais, que permitiam a acumulação de riqueza pela combinação de três fatores: extração de produtos florestais ou minerais no processo de implantação das pastagens, ganhos com a produção pecuária em si, mesmo sendo ela uma atividade de baixa eficiência, e a captura de rendas financeiras, como acesso a crédito e subsídios diretos e a investimentos governamentais em infraestrutura, que convergiam para a possibilidade de ganhos especulativos com a terra que se transformava, ela mesma, em uma mercadoria.

Nessa perspectiva, as soluções para interromper o desmatamento passavam tanto pela interrupção dos incentivos governamentais como pela inibição da mercantilização da terra e os bens que ela contém, via apoio aos povos e comunidades tradicionais amazônicos, com suas perspectivas alternativas de uso da floresta viva (Hecht, 1993), e via reforma agrária no conjunto do país (Fearnside, 1991), reduzindo a pressão pela expansão/invasão que constituem os *fronts*.

No início dos anos 2000, verifica-se uma mudança fundamental na interpretação dessa relação pecuária-desmatamento, como pode ser verificado no estudo de Sergio Margulis (2003) resultante de uma parceria entre Banco Mundial e Ministério do Meio Ambiente brasileiro. Este estudo apresenta duas significativas mudanças de foco em relação às análises anteriores, desdobrando-se em recomendações de uma agenda política radicalmente diferente. A primeira mudança refere-se à avaliação de que a pecuária praticada por grandes e médios produtores nas áreas de *front*(eira) consolidada apresenta-se como uma atividade economicamente rentável, não apenas pelo baixo preço da terra, mas pelas condições geoecológicas favoráveis (temperatura, pluviosidade e umidade) que permitem elevada produtividade das pastagens e capacidade de adaptação técnica-gerencial dos grandes e médios produtores. O impulso ao desmatamento e a expansão da pecuária para novas fronteiras ocorreria, nessa leitura, da combinação entre efeito demonstrativo dessa eficiência econômica da pecuária consolidada e pela existência de agentes intermediários com "baixos custos de oportunidade" que se antecipam aos pecuaristas profissionais, formando fazendas com a expectativa de venda futura da terra. No entanto, a maior parte dos desmatamentos estariam localizados nas fronteiras consolidadas, em que médios e grandes pecuaristas profissionais, menos preocupados com a venda de madeira ou especulação com terras, desmatam para ampliar sua atividade produtiva, com efetiva rentabilidade privada.

Decorrente da primeira, a segunda mudança significativa de perspectiva exemplificada por este estudo é que as políticas deveriam trabalhar com os pecuaristas e não contra eles, ou seja, reconhecendo que os pecuaristas profissionais da fronteira consolidada poderiam ser importantes agentes do "desenvolvimento sustentável", desde que fossem construídos compromissos compartilhados que imprimissem cada vez maior racionalidade à atividade. Observe-se que a pecuária é vista sobretudo como atividade econômica que pode ser sustentável, e não como uma atividade conformada por uma classe de latifundiários. Enfim, uma perspectiva socioambiental diferente daquela sugerida por Chico Mendes, com sua proposta de Resex, entendida como parte da Reforma Agrária que defendia. Também entre os povos se estabelece um debate entre o socioambientalismo e o ecossocialismo; por mais que possam estar próximos nas circunstâncias, implicam horizontes de sentido (políticos) para a vida distintos.

No âmbito da construção desses compromissos começa a se delinear uma agenda política voltada a um zoneamento ecológico-econômico para se delimitar as áreas de fronteira consolidada e as áreas a serem preservadas, a regularização fundiária como forma de inibir a expansão da fronteira especulativa, a flexibilização dos limites de desmatamento na fronteira consolidada (produtiva) com a devida compensação nas áreas a serem preservadas, a adoção de compensações financeiras aos proprietários de terras pelos serviços ambientais prestados com o não desmatamento e o suporte de desenvolvimento de tecnologias para a intensificação produtiva via adaptação das pastagens e dos rebanhos para as condições regionais.

Ao longo das primeiras décadas do século XXI, legitimada pelo consenso das *commodities*, essa agenda foi ganhando adesão junto aos organismos multilaterais, ONGs, corporações, grupos acadêmicos e órgãos de governo. Dentre as principais mudanças observadas em relação ao cenário analisado no estudo de Margulis (2003), destaca-se o crescimento da inserção do Brasil no mercado internacional de proteína animal, tornando-se, em meados da década de 2000, o principal exportador mundial de carnes. Este processo esteve associado à reestruturação, à concentração e à internacionalização da indústria frigorífica; ao forte apoio governamental, seja por meio de créditos e financiamentos, seja por meio de políticas específicas, desde o Programa Nacional de Erradicação da Febre Aftosa até a Política de Desenvolvimento Produtivo (PDP); e também ao aumento da produção bovina a baixos custos associada ao seu deslocamento para o Centro-Oeste e Norte (Silva, 2010).

Neste contexto, também houve uma expansão das principais agroindústrias frigoríficas para a Amazônia, contribuindo para a viabilização da rentabilidade privada da produção pecuária mesmo a baixo custo, o que, segundo Arima, Barreto e Brito (2005), conferiu um retorno econômico mais elevado do que no Centro-Sul do país para escalas de produção acima de 5 mil animais e até acima apenas de 500 animais, quando incluídos a valorização da terra e o acesso ao crédito rural. Com o deslocamento dos frigoríficos para a Amazônia, especialmente após as denúncias da persistência das relações entre expansão da pecuária e desmatamento denominadas pelo Greenpeace como "a farra do boi" (Greenpeace, 2009), ampliou-se uma aposta de que uma agenda de intensificação do uso da terra pela profissionalização da pecuária nas chamadas fronteiras consolidadas poderia avançar se os frigoríficos passassem a ter um controle mais rígido da cadeia de fornecedores, excluindo aqueles responsáveis por crimes socioambientais ou trabalhistas.

A aposta na possibilidade de estruturação de uma pecuária sustentável na Amazônia tem como referência a chamada "moratória da soja". Abramovay (2019), utilizando o exemplo da soja, sugere que o crescimento da agricultura brasileira deixou de ser intensivo em terra para ser intensivo em tecnologia, de forma que o desmatamento zero levaria a perdas econômicas mínimas para a agropecuária brasileira, facilmente compensadas pela elevação da produtividade das atividades já existentes, tornando-se uma meta desejável e apoiada por grandes corporações, ONGs e associações de produtores. São arranjos entre esses tipos de agentes que compõem a moratória da soja, como um pacto de que não será comprada a produção de áreas recém-desmatadas.

As versões mais sofisticadas e atualizadas dessas perspectivas, como propostas por Nobre *et al.* (2016) e Abramovay (2019), compartilham essa hipótese como ponto de partida, mas reconhecem seus limites se não houver, em paralelo, o desenvolvimento de uma transição para uma economia do conhecimento florestal em que tanto o agronegócio moderno reconheça a importância das áreas florestais, com seus serviços ecossistêmicos para o desempenho da agricultura, quanto uma indústria de tecnologia de ponta que, apoiada nos conhecimentos da chamada quarta revolução industrial, desenvolva processos produtivos baseados nos produtos da floresta viva, ampliando o valor econômico das áreas florestais preservadas como fonte de matérias-primas da biodiversidade. Como exemplo da base tecnológica da quarta revolução industrial, Nobre *et al.*, (2016) citam: inteligência artificial, robótica, a internet das coisas, veículos autônomos, impressoras 3D, nanotecnologia, biologia sintética, edição de DNA, biomimética, ciências dos materiais, armazenamento de energia, computação quântica. Como se vê, o protagonismo deixa de ser dos povos e de seu conhecimento milenar que habita a floresta.

Essa perspectiva, portanto, complementa o aumento da produtividade agropecuária nas áreas já desmatadas, com o reconhecimento das florestas tropicais como "reservas de um precioso conhecimento biológico biomimético que podem alimentar um novo modelo de desenvolvimento que possa beneficiar as populações locais/indígenas e o mundo em geral" (Nobre *et. al.*, 2016, p. 10.765 – tradução livre), a partir de parcerias entre laboratórios, instituições de pesquisa e desenvolvimento e grandes corporações públicas e privadas, a exemplo do Vale do Silício. Novamente, apesar das preocupações com o reconhecimento das áreas de povos e comunidades tradicionais, bem como sua inclusão em parte dos benefícios econômicos ali gerados, desloca-se o protagonismo do desenvolvimento econômico para as grandes corporações.

Esse breve histórico das transformações na agenda ambiental da Amazônia no início do século XXI deixa evidente o abandono dos conceitos de justiça social e ambiental, do reconhecimento dos povos e comunidades do campo como protagonistas de outros horizontes de sentido para a região e, consequentemente, das políticas de reforma agrária e reconhecimento de territórios tradicionalmente ocupados. Em seu lugar, emergiu um conjunto de estratégias e ações com sentido marcado pela liberalização mercantil e empresarial, pela afirmação do protagonismo de grandes produtores rurais e, especialmente, de corporações agroexportadoras, e pela aposta na política de regularização fundiária e governança do mercado de terras e das demais *commodities*.

Quais são os principais limites dessa nova agenda ambiental capitalista-colonial para mudanças estruturais na Amazônia?

A afirmação de que o crescimento do agronegócio e também da mineração depende cada vez menos de terra, pois vem ampliando a produtividade por área em função da incorporação de tecnologias, pressupõe uma visão ufanista das tecnologias que permite essa intensificação produtiva, desconsiderando seus próprios impactos socioambientais em nome de uma possível redução do desmatamento. O dossiê da Associação Brasileira de Saúde Coletiva (Abrasco) sobre impactos dos agrotóxicos na saúde indicava que, no ano do estudo (2011), a cultura da soja foi responsável por 40% de todos os agrotóxicos usados no Brasil (herbicidas, inseticidas, fungicidas, acaricidas e outros), correspondendo a 12 litros por hectare. Estudos mais detalhados em Lucas do Rio Verde (MT), município com grandes áreas plantadas com soja, milho e algodão, detectaram contaminação com resíduos de agrotóxicos em diferentes fontes de água, inclusive em escolas, e também no leite materno, revelando que o problema socioambiental causado pelo processo tecnológico de intensificação produtiva do agronegócio vai muito além da problemática do desmatamento (Carneiro *et al.*, 2015).

Apesar desses impactos, a intensificação produtiva não elimina a expansão pela incorporação de novas terras. Os dados analisados por autores como Santos (2019), para o caso da soja, e Malheiro (2019), para o caso da mineração, deixam claro que a expansão da produção dessas *commodities*, nas últimas décadas, mesmo tendo aumentado a produtividade por área, não prescindira da incorporação massiva de novas terras, não apenas para a produção em si, nas lavouras ou lavras, mas em todo o complexo territorial, o que inclui rodovias, ferrovias, portos, usinas hidrelétricas e linhões de energia. Considerando esses complexos territoriais do agro-minero-hidro-carbono-bio-negócio em sua dimensão integrada de produção-circulação, fica evidente como essas atividades aquecem o mercado de terras, não apenas nas áreas já consolidadas de produção, mas em novas frentes de expansão, levando à espoliação de povos e comunidades do campo, à apropriação privada das terras para uso imediato, assim como para especulação e reserva para uso futuro.

Aprofundando a leitura desses processos pela sua dimensão territorial, ficam mais evidentes as conexões entre esse tipo de produção mais intensivo por área, como a soja e a mineração, e a pecuária na Amazônia. Uma análise comparativa entre 1995 e 2017, a partir dos censos agropecuários, mostra que, no estado do Mato Grosso, enquanto a área destinada a lavouras temporárias aumentou em 7 milhões de hectares, passando de 5,6% para 17,8% do total, as pastagens aumentaram apenas 1,6 milhões de hectares, decaindo de 43% para 41,9% do total. No entanto, quando observados os mesmos dados para seus estados vizinhos, o aumento das pastagens foi de 7,1 milhões de hectares no Pará, 3,2 milhões de hectares em Rondônia e 613 mil hectares no Amazonas. Nesses três estados, em relação à área total dos estabelecimentos, as pastagens passaram de 33,1% para 51,1% no Pará; de 32,9% para 66% em Rondônia e de 15,9% para 28,4% no Amazonas. Fica evidente, portanto, que a expansão das culturas mais intensivas por área, como a soja, no Mato Grosso, tem levado a um deslocamento das pastagens para o interior da Amazônia.

Comparando-se as produtividades por área da pecuária nas zonas definidas pelo Macrozoneamento Ecológico-Econômico como destinadas ao agronegócio e como fronteiras a serem preservadas, os dados do censo agropecuário de 2017 indicam que, nos 579 municípios que estão integralmente nas áreas destinadas ao agronegócio, encontra-se um rebanho bovino de 38,6 milhões de cabeças distribuídos em 37,8 milhões de hectares de pastagens, com uma relação de 1,02 bovinos por hectare. Nos 31 municípios que estão localizados na transição entre essas áreas e a fronteira, encontra-se um rebanho bovino de 7,2 milhões de cabeças distribuídos em 6,8 milhões de hectares de pastagens, com uma relação de 1,06 bovinos por hectare. Nos 53 municípios localizados integralmente na fronteira a ser preservada, encontra-se um rebanho bovino de 11,6 milhões de cabeças distribuído em 9,3 milhões de hectares de pastagens, com uma relação de 1,24 bovinos por hectare. Portanto, não se verifica a tendência preconizada de intensificação da pecuária na fronteira consolidada e, ao contrário, se vê uma maior relação bovino por área de pastagem nas zonas mais interiorizadas da Amazônia, reflexo da maior importância da expansão do rebanho nessas áreas de fronteira do que de um processo de tecnificação e profissionalização dos criadores nas fronteiras consolidadas.

A aposta de que os grandes frigoríficos poderiam estruturar uma cadeia de fornecedores totalmente inseridos na legislação social e ambiental também vem se mostrando bastante limitada. (*et al*, 2017) indicam que, apesar dos Termos de Ajustamento de Conduta assinados pelos grandes frigoríficos, responsáveis pela maior parte do gado abatido na região, as metas não vêm sendo cumpridas, tanto por falhas no controle de seus fornecedores diretos como por não monitorarem seus fornecedores indiretos. No caso da pecuária, no qual, diferentemente da soja, o gado tem mobilidade, há um grande fluxo intermediário de animais entre seu nascimento e abate, que torna o monitoramento de todo o ciclo de cria, recria e engorda bastante complexo e sem garantias de que todas as fases se deram em fazendas agindo dentro da legalidade. Essa situação é agravada, segundo os autores, pela existência de frigoríficos que não assinaram os acordos e influenciam os padrões do mercado regional.

Todos esses dados indicam que não tem se confirmado um dos pilares da tese de que a intensificação produtiva nas áreas de fronteira consolidada, comandada pelas grandes corporações do agro-minero-negócio, reduziria a pressão sobre as áreas mais preservadas no coração da floresta. Ao contrário, além dos problemas socioambientais que ocorrem onde há intensificação, como na ampliação do uso de agrotóxicos, essas atividades, direta ou indiretamente, continuam induzindo a expansão pecuária em novos *fronts* amazônicos.

Outro limite do paradigma biotecnológico flexível para mudanças verdadeiramente estruturais está relacionado a sua concepção politicamente neutra de tecnologia. É um paradigma que se mantém preso a uma tendência do tratamento da problemática da sustentabilidade ambiental pelos atores hegemônicos. Esse paradigma ignora que as técnicas são também relações de poder e que o seu desenvolvimento exprime "projetos culturais e práticas de significação e não apenas respostas eficientes a problemas utilitários" (Acselrad, 2004). As técnicas, portanto, são um elemento decisivo na construção da hegemonia sobre os territórios e da capacidade dos sujeitos hegemônicos imporem sobre os demais sua própria concepção de meio ambiente. Como consequência, a incorporação dos povos e comunidades tradicionais nesse projeto leva ao seu próprio esvaziamento de significação cultural e política e à subordinação aos horizontes do capital, produtor das tecnologias que pretendem dar sentido econômico à "floresta em pé" e atribuir-lhe sua própria concepção de mundo.

A proposta de valorização das áreas florestais pela economia do conhecimento reafirma a hegemonia da acumulação capitalista, mesmo que em bases econômicas e de regulação diferenciadas, e subordina os territórios dos povos e comunidades do campo à temporalidade e racionalidade do capital, ditadas pelas necessidades de acumulação.

A questão que se coloca – mesmo que essa economia se pautasse exclusivamente em recursos florestais renováveis, portanto desconsiderando os recursos minerais e energéticos a ela relacionados, bem como os respectivos sistemas logísticos necessários para sustentá-la – é: quem definiria o ritmo e a escala de extração dos recursos florestais e seus correspondentes padrões de consumo dos produtos gerados?

O que sustenta a reprodução ampliada do capital não é sua base material em si – no caso, a floresta viva ou a floresta morta –, mas seu conjunto de relações sociais e com a natureza determinado pelas necessidades da acumulação que, por sua vez, são cada vez mais dominadas pelos interesses, escalas e velocidades de rotação da finança mundializada.

Francisco de Assis Costa, a partir dos estudos de seu grupo de pesquisa sobre o açaí, dá um exemplo ilustrativo (Costa, 2019). O consumo do açaí fora da Amazônia tem sido associado a um superalimento em que as moléculas de antocianina importam mais do que o sabor. Os saberes locais, associados ao cuidado com o sabor, levaram ao desenvolvimento de uma tecnologia de extração do suco que está presente nas pequenas indústrias familiares nas cidades da região – os chamados pontos de bater açaí. O aumento da demanda tem levado ao surgimento de um outro tipo de indústria, em que o despolpamento com máquinas de maior escala e velocidade, portanto mais rentáveis, atinge o caroço com maior força, raspando sua capa de tanino que estraga o sabor. Frente aos riscos de monocultivos de açaí associados a agroindústrias desse tipo, o pesquisador se pergunta se o açaí irá se transformar em uma *commodity* genérica ou guardará seu valor ligado ao território, com seus saberes e sabores.

O tempo do capital é um tempo contra os tempos da vida e das culturas outras. Não é mais o tempo da reprodução regulada pela fotossíntese que comanda a vida na Amazônia, mas um tempo cada vez mais industrial e, como tal, com base na energia fóssil ou obtida com o represamento da vida dos rios. E como riqueza passa a ser medida em cifras, é preciso decifrá-la, haja vista que reduzir a riqueza à sua medida é confundir as coisas da lógica com a lógica das coisas, no caso no metabolismo matéria-energia que não se baseia mais na autopoiesis/neguentropia, mas sim nas leis da termodinâmica e sua dissipação sob a forma de calor e desagregação da matéria, com seus rejeitos vários que antes eram húmus (neguentropia) e agora são lixo (entropia).

Não é a primeira vez que os povos amazônidas tiveram que enfrentar o debate em que alguns falam da "floresta em pé" e de novos paradigmas com base nas novas ciências, mas subestimam o saber/fazer que já demonstrou, durante mais de 10 mil anos, sua sustentabilidade. Já em finais dos anos 1980, os seringueiros ouviram vários engenheiros florestais empenhados junto ao governo do Acre de então em criar a Fundação de Tecnologia do Acre (Funtac), objetivando abertamente o uso racional da floresta, sendo essa racionalidade dada pela engenharia florestal e não pelas racionalidades dos povos da floresta. Daí surgiu até mesmo um discurso de florestania no qual a cidadania é mais da floresta de que de seus povos e suas racionalidades, numa "confluência perversa" (Dagnino, 2004) de discursos que esvaziam o protagonismo dos povos e comunidades.

Há que se ter clareza de que a existência de áreas preservadas na Amazônia é resultado direto das lutas dos povos e comunidades do campo – indígenas, quilombolas, diferentes identidades camponesas que *con-vivem* há muito tempo na floresta ou mesmo que migraram mais recentemente –, portanto, a existência dessas áreas só existe em função do conflito com o capital em seu conjunto, e não apenas com algumas de suas frações, e, portanto, não pode ser negado, como o faz o ideário do desenvolvimento sustentável, sob risco de despolitização do debate sobre a questão amazônica.

Negar o conflito é reafirmar a subordinação desses povos e comunidades, ignorando que não existe território desconectado do processo de des-re-territorialização e que, portanto, os territórios dos povos e comunidades do campo na Amazônia têm, na luta pela sua apropriação, um aspecto constituinte e permanente.

Assim como não há território sem o seu processo instituinte de territorialização, não há território sem territorialidade, ou seja, sem as marcas dos grupos sociais que lhe conferem sentido. A tríade relacional território-territorialidade-territorialização dos povos e comunidades amazônidas expressa uma acumulação histórico-política de uma construção cultural forjada na coexistência e na *co-evolução* com a natureza. São sociedades e naturezas imbricadas de tal forma que refletem não apenas a sustentabilidade da "floresta em pé", como a capacidade de coexistência, produzindo um sentido de *Bem-Con-Viver* entre si e com a floresta (Porto-Gonçalves e Leff, 2015).

Restringir a possibilidade de reprodução social dos povos e comunidades amazônidas à redistribuição de parte dos recursos obtidos com a exploração da "floresta em pé", pautada pelo paradigma biotecnológico flexível, é consolidar uma racionalidade baseada na privatização e mercantilização total da vida, negando as territorialidades cuja relação cultura e natureza vem sendo construída com base no que é comum, no valor de uso, no conhecimento coletivo, na autopoiesis. É legitimar a apropriação de um conhecimento historicamente acumulado com a floresta, reduzindo-o a genomas e moléculas de carbono transformados em mercadorias inseridas na circulação do capital, cujo tempo de rotação é definido pela lógica da acumulação e não pela reprodução da vida.

Apesar de ser o trabalho o elemento gerador de valor, este não ocorre sem a transformação da natureza no processo de produção, tratando-se, portanto, de uma mediação entre a interação metabólica sociedade e natureza tanto em seus aspectos específicos de intercâmbio ecológico de matéria e energia como em seus aspectos mais gerais de necessidades e relações sociais e de poder (Foster, 2000).

Há que se ter em vista que, desde que o capital se inseriu no circuito metabólico da produção onde dinheiro (D) compra mercadorias como meio de produção (MP) e força de trabalho (FT) para transformá-las em mercadoria de maior valor (M'), posto que contém mais trabalho vivo, mas também qualitativamente distinta, pois metabolizada industrialmente, e, dessa forma, retornar à forma dinheiro acrescida de mais-valia (D'), sintetizada na fórmula D – M (MP + FT) – M' – D', o capital passou a comandar o metabolismo da totalidade da sua reprodução ampliada na produção – circulação – distribuição – consumo e, portanto, o intercâmbio ecológico de matéria e energia no seu conjunto.

E observemos que o processo é iniciado por algo que não é material – Dinheiro – e o objetivo final é esse imaterial acrescido, um mais-Dinheiro = D', cada vez mais referenciado na ficção financeira expressa na relação direta D – D'. No meio disso, o processo de produção material com suas implicações metabólicas (qualitativas) é movido por um objetivo abstrato (quantitativo).

A ênfase do paradigma biotecnológico flexível na busca do desmatamento zero pela transformação da "floresta em pé" em base de matéria-prima genômica e de serviços ecossistêmicos se coloca como subordinada à nova revolução (nas relações sociais e de poder por meio da tecnologia) industrial, em sua pretensa fase 4.0. Com isso, se subordina ao tempo de rotação da acumulação, em velocidade que só se viabiliza com a utilização de energia fóssil concentrada, e à escala de produção-circulação-distribuição-consumo do capital, que tanto busca ampliar de forma infinita os volumes de matéria e energia como deslocá-los espacialmente para distâncias cada vez maiores das suas fontes de produção, quebrando os ciclos de restauração da natureza. A utilização da "floresta em pé", nessa perspectiva, não parece ser o caminho para se evitar o aprofundamento cada vez maior da fratura metabólica imposta pelo capital, ao ponto de se transformar em um colapso metabólico.

Mais uma vez, o exemplo das lutas sociais dos seringueiros acreanos é revelador. Sua construção política como Povos da Floresta só se iniciou quando rompeu com a ordem metabólica imposta pelo mais moderno capital industrial da época, destino final do extrativismo empresarial da borracha. Mesmo sem desmatar a floresta, o ritmo e a escala da extração de látex e, consequentemente, do violento disciplinamento dos seringueiros ao trabalho superexplorado nos seringais, impedia seu pleno desenvolvimento como produtores da diversidade florestal amazônica. Isso só ocorreu quando, por um lado, o capital encontrou as formas plenamente industrialistas de produção de látex nas monoculturas implantadas na Ásia e, por outro, os seringueiros politizaram suas lutas, reafirmando suas próprias temporalidades e territorialidades com a conquista das Reservas Extrativistas.

Almeida (2004) alerta que esse caso dos seringueiros ilustra um processo mais amplo, iniciado nos anos 1970 e fortalecido com a Constituição Federal de 1988, de vinculação entre processos de territorialização em terras 'tradicionalmente ocupadas' e mobilização política em torno de movimentos sociais que incorporam atores étnicos, critérios ecológicos e critérios de gênero e de autodefinição coletivas. Nesse processo de territorialização, o controle dos recursos não se dá de forma individualizada, mas segundo normas e relações sociais, reforçadas por laços de solidariedade e ajuda mútua, estabelecidas entre grupos de famílias que compõem uma unidade social. Essas relações não representam apenas uma perspectiva histórica, mas sobretudo política, pois se atualizam e se reforçam nas situações de extrema adversidade e conflito.

A importância da conquista desses territórios por esses movimentos sociais na Amazônia não se deu simplesmente pela constituição de barreiras ao desmatamento, pela constituição de reservas de matérias-primas para o capitalismo do século XXI ou pela inclusão social desses povos a uma economia de mercado. Ela se deu, sobretudo, pela possibilidade de, a partir de suas próprias temporalidades e territorialidades desenvolvidas nos territórios conquistados, oferecerem ao mundo um horizonte de sentido construído a partir de uma dimensão cultural própria, que coloca no centro das preocupações sociais a reprodução da vida e não do capital. Enfim, uma outra lógica de *Bem-Con-Viver*.

## UM NOVO PARADIGMA PARA A AMAZÔNIA DO SÉCULO XXI?

No campo político, houve uma tentativa de incorporação do paradigma biotecnológico flexível no planejamento do desenvolvimento da região ao longo dos governos encabeçados pelo PT, especialmente por meio do Plano Amazônia Sustentável (PAS), lançado em 2008, e do Macrozoneamento Ecológico-Econômico da Amazônia Legal (MacroZEE), em 2010. Com esses instrumentos, buscou-se delimitar territórios altamente articulados aos circuitos mundiais de acumulação, onde deveriam, sob coordenação institucional e impulso modernizador, inclusive dos latifúndios, dado pelas grandes corporações, acumularem-se ganhos de produtividade e de eficiência econômica de forma a se reduzir a pressão dos processos expansivos extensivos e predatórios em direção aos territórios no coração da floresta. Ali, o combate às ações ilegais de grilagem e desmatamento, a regularização fundiária das terras privadas e a proteção de terras tradicionalmente ocupadas e unidades de conservação articulariam as áreas mais preservadas com uma economia baseada em serviços ambientais e cadeias produtivas da biodiversidade.

A relativa redução dos assassinatos e desmatamentos durante esse período parecia indicar um sucesso nessa direção. A média anual de 32,3 assassinatos decorrentes de conflitos agrários na Amazônia registrada pela CPT entre 2001 e 2003 reduziu-se para 21,6 assassinatos/ano entre 2004 e 2014. Em relação às taxas anuais de desmatamento divulgadas pelo Inpe, de uma média de 22,2 mil $km^2$/ano entre 2000 e 2004, houve redução para uma média de 12,2 mil $km^2$/ano entre 2005 e 2008, e 6,1 mil $km^2$/ano entre 2009 e 2015. As ações governamentais de fiscalização e combate aos crimes ambientais, bem como de mediação de conflitos agrários, no entanto, mostraram-

-se limitadas para alterar estruturalmente a dinâmica de espoliação.

Como exemplo do caráter estruturalmente limitado, os dados sobre homologação de terras indígenas e desapropriações para fins de reforma agrária revelam a redução sistemática do reconhecimento e redistribuição de terras para indígenas e diferentes frações camponesas nesse período. No caso da homologação das Terras Indígenas, a média anual entre 1995 e 1998 foi de aproximadamente 7,8 milhões de hectares, declinando para 2,4 milhões de hectares entre 1999 e 2010 e para 221 mil hectares entre 2011 e 2018 (MPF, 2020). Assim, as médias anuais das áreas desapropriadas para fins de reforma agrária, incluindo as várias modalidades de assentamentos, reduziram-se de 1,1 milhão de hectares, entre 1995 e 1998, para 261 mil hectares, entre 1999 e 2010, despencando para 27 mil hectares entre 2011 e 2018 (Incra, 2018). O fato de não ter havido nenhuma demarcação em 2019 ratifica a tendência que já estava em curso da interrupção dos processos de democratização da terra e de reconhecimento dos territórios/territorialidades amazônidas.

Ao reafirmar o protagonismo das grandes corporações na condução do processo de desenvolvimento regional, o projeto de uma Amazônia sustentável, seja lá o que essa expressão já tão esvaziada significa, ignorou que os processos de produção e transferência de valor, matéria e energia que definem o caráter estrutural do desenvolvimento capitalista na Amazônia têm levado, também internamente à região, a uma permanente dinâmica expansiva de criação de novos *fronts*. Nessas áreas, onde os dispositivos e mecanismos de espoliação se apresentam de forma mais explícita, prevalece a transformação de bens comuns em mercadorias, tendo como ponto de partida a dominação da terra e, a partir dela, dos recursos a ela associados. A espoliação se completa com o estabelecimento de fluxos estáveis de circulação dessas mercadorias nos circuitos nacionais e mundiais de acumulação, o que exige não apenas uma ampla infraestrutura de energia, transporte e comunicação, mas também uma coerência estruturada regionalmente, nos termos de Harvey (2005), que garanta as condições necessárias para a reprodução do capital e da força de trabalho.

Nesse sentido, a mercantilização e monopolização da terra e de seus recursos são parte fundante de um processo mais amplo de controle do território. Como já demonstrado nos capítulos anteriores, a ampliação das terras privadas registradas ao longo dos censos agropecuários são um claro indicador de como terras que antes eram *bens-comuns* dos povos, utilizadas de forma permanente ou difusa, continuam sendo sistematicamente espoliadas via expulsão e cercamento. Registre-se que esse processo de mercantilização e monopolização alimenta a manutenção de uma estrutura fundiária regional concentrada, muitas vezes compensando com a criação de latifúndios nos novos *fronts*, as democratizações parciais das terras nas áreas em que os movimentos sociais em luta pelo reconhecimento e pela redistribuição tem tido maior sucesso

(Michelotti, 2019). Tudo indica que a lógica de complementaridade latifúndio-minifúndio que comandou nossa formação social se reproduz na Amazônia. Veja o exemplo clássico da complementaridade dos latifúndios de cana da Zona da Mata nordestina com os minifúndios do Agreste (Andrade, 1973).

A criação de novos *fronts*, portanto, tem sido um dispositivo-chave de manutenção do pacto de poder de sustentação do latifúndio na Amazônia. No entanto, não se trata de um processo restrito às novas áreas de expansão/invasão, pois, ao manter a força desse pacto de poder, segue bloqueando a democratização e pressionando pela remercantilização e remonopolização das áreas territorializadas pela luta social, ameaçando, por exemplo, as terras indígenas e quilombolas, assim como os assentamentos de reforma agrária já decretados. Uma desterritorialização dos povos amazônidas que expressa espacialmente a violência e devastação sistemática do projeto espoliador.

Mesmo o surgimento de uma preocupação com o caráter ambientalmente destrutivo do desenvolvimento capitalista por parte de seus próprios agentes, cuja crítica centra-se no desmatamento e na destruição da floresta amazônica, também se mostra limitada para apontar mudanças estruturais dos processos de pilhagem, domínio territorial e violência/devastação. A pilhagem passa a incluir as novas formas de transferência de genomas e matérias-primas da biodiversidade, inclusive se apropriando do conhecimento acumulado pelos povos amazônidas em sua *co-evolução* com a natureza, aprofundando, assim, uma pilhagem epistemológica e cultural (etnobiopiratária e não só biopiratária) em que a dominação do território passa a incluir o controle da vida em suas múltiplas escalas.

Assim, as duas vertentes que se apresentam de desenvolvimento sobre/contra a Amazônia, seja por meio de sua versão *hard* de acumulação fordista com exportação de *commodities*, seja por meio de sua versão *light* de acumulação flexível e suas propostas de capitalismo verde com base na tecnociência e suas novas tecnologias, embora possam ter diferenças entre si, têm em comum o estabelecimento do controle da terra e de todos os bens bioculturais que, de alguma forma, podem se tornar mercadoria por dinâmicas especulativas que produzem renda, até mesmo com a vida, da copaíba ao carbono. Enfim, ambas passam por negligenciar a única experiência que pode se reivindicar como verdadeiramente sustentável na Amazônia, ou seja, aquela plasmada por múltiplos povos e comunidades que, há mais de 12 mil anos, vivem da/pela floresta.

São esses povos e comunidades que nos legaram esse patrimônio que, atualmente, a humanidade pode desfrutar, mas cujas perspectivas apresentadas teimam em negar-lhes o protagonismo em nome de uma superioridade epistêmica e política de eficácia duvidosa. Afinal, essa matriz de conhecimento forjada na Europa como "dominação da natureza" (Francis Bacon) por homens varões, proprietários e brancos, portanto, não por um homem genérico como quer um antropocentrismo que ignora esse homem concreto com classe, cor e gênero se fez em nome de uma tecnociência. Segundo Bacon, a tecnociência se diferenciava da ciência por ser eficiente. A eficiência da tecnociência se caracteriza por ser um conhecimento prático e não especulativo e, nesse sentido, Bacon se aproxima de Descartes (Oliveira, 2010). Numa sociedade que se desenvolve segundo uma lógica de acumulação capitalista, com toda certeza a eficiência da tecnociência se dá na medida que contribua para a acumulação de capital. Se não é um conhecimento prático que leve à acumulação de capital, não é um conhecimento validado. Assim, se submete todo o metabolismo da vida, assim como a vida dos diferentes povos e comunidades, a uma permanente pressão para se obter mais de um equivalente geral abstrato, o dinheiro, contra as qualidades concretas da vida tanto no sentido biológico como cultural.

Afinal, são as áreas do planeta marginais a esse padrão de saber e de poder e*euu*rocêntrico que apresentam a maior riqueza em água e diversidade de vida, inclusive cultural. Recusemos dizer que essas áreas são reservas seja lá do que quer que seja, haja vista o caráter colonial desse conceito que as vê como se tivessem reservadas para si e não fossem áreas plenas de vida e conhecimento.

Aos processos de devastação e violência, cujas marcas na Amazônia têm sido o desmatamento e o assassinato, agregam-se a tentativa de subordinação dos territórios da vida à lógica da acumulação do capital, fragmentando as relações culturais dos seus grupos sociais com a natureza e seus territórios em direção a uma relação alienada e fetichizada com a biodiversidade e os serviços ecossistêmicos que deixariam de lhes pertencer, já que, como qualquer mercadoria, ela se torna um não valor de uso e seus usufrutuários se tornam proprietários. Mesmo permanecendo na terra, suas práticas espaciais passam a ser reguladas por terceiros, em transações que envolvem todas as energias vitais do território, como nos casos do mercado de carbono. No Acre, hoje, grande parte dos conflitos são contra planos de manejo elaborados para garantir a venda de carbono. Enfim, povos do campo desterritorializados na sua própria terra/território, com um aprofundamento da devastação da Amazônia, independente do desmatamento, pois sua diversidade biológica perde esse enorme patrimônio de conhecimentos que, até aqui, garantiram sua existência na *co-evolução* que vem se dando há mais de 12 mil anos.

Dados todos esses limites, a busca de compreensão de alternativas reais e emancipatórias significa para os povos e comunidades amazônidas outros paradigmas que rompam com a espoliação estrutural da expansão/invasão capitalista sobre a Amazônia, enfim, com a colonialidade do saber e do poder. E sejamos explícitos: os paradigmas não caem dos céus, como se fosse coisa do mundo sobrelunar, mas sim do mundo mundano, pois são instituídos por grupos/classes sociais em luta por afirmar suas territorialidades/temporalidades/subjetividades por meio de processos sociais/políticos instituintes. Esse é o tema do próximo capítulo.

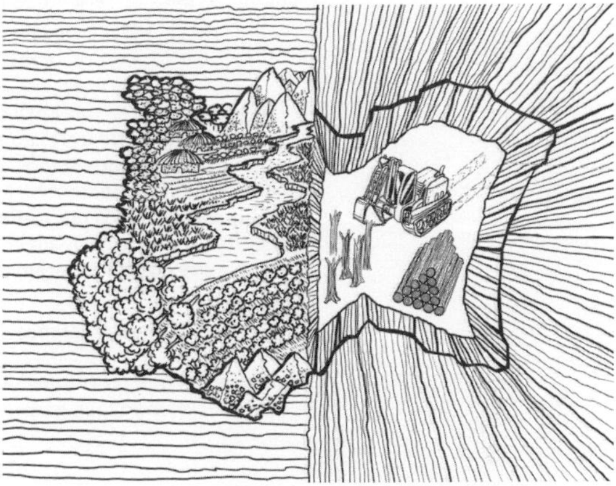

# A AMAZÔNIA COMO PATRIMÔNIO BIOCULTURAL DOS SEUS POVOS

Tudo tem espírito, desde um inseto até um boi, as plantas, os animais das terras e das águas.

*Raoni Metuktire*

Se sentir parte da natureza é saber que somos um grão de terra, que somos um pingo de água, que somos uma folha e que somos uma semente... Eu acho que por aí que a gente vai pra frente defender a permanência, principalmente contra a forma que nos colonizaram a mente e o sentimento.

*Anacleta Pires, Liderança Quilombola*

No dia em que não houver lugar para o índio no mundo, não haverá lugar para ninguém.

*Ailton Krenak*

COMO VISTO NOS CAPÍTULOS ANTERIORES, ESTÁ EM CURSO UMA ofensiva sobre/contra a Amazônia e seus povos que, apesar de suas especificidades atuais, revela processos estruturais de espoliação sustentados por um pacto de poder, de longa duração, entre os donos da terra, os donos do dinheiro e o Estado. No contexto atual, esse pacto de poder vem assumindo uma forma de liberalismo autoritário em que as conexões do país ao sistema-mundo como plataforma de valorização financeira e de exportação de *commodities* só se sustentam, fragilmente, com a superexploração do trabalho e da natureza, com a transformação de amplas parcelas da população em descartáveis e com o avanço espacial do agro-minero-hidro-bio-carbono-negócio. Declara-se, assim, os povos e comunidades amazônidas como inimigos internos, a serem combatidos pelos interesses articulados em torno das agroestratégias e da militarização da região.

A *r-existência* dos povos e comunidades a essa ofensiva atual não enfrenta apenas vetores conjunturais, pois eles se assentam e se legitimam a partir de uma colonialidade do poder, do saber, do ser e da natureza que legitima a guerra de extermínio contra os povos e comunidades, seja como guerra justa, descimento ou correria, que persiste na atualidade com as invasões ou "desafetações" dos territórios tradicionalmente ocupados e a expulsão de seus povos. Esse extermínio, físico e das condições objetivas para a vida, esteve atrelado não apenas à apropriação dos seus territórios, mas também à subordinação desses povos pelo trabalho superexplorado em aldeamentos e diretórios, pelo aviamento extrativista e pela escravização colonial, e que se mantém nas formas persistentes de trabalho análogo à escravidão, na formação de periferias urbanas marginalizadas e de trabalhadores desterritorializados, os chamados peões de trecho.

Essa histórica expropriação nunca foi apenas econômica, pois também é epistêmica, já que são os saberes acumulados na longa coexistência com a floresta que indicam quais são os bens que podem ser transformados em mercadorias de interesse para a acumulação do capital, como se deu com as drogas do sertão e com a borracha e a castanha, mas se renova nas formas contemporâneas de bio-etno-pirataria.

Por todos esses elementos, pode-se afirmar que a relação da Amazônia com o Brasil está marcada por um colonialismo interno diretamente relacionado a nossa contraditória constituição como parte do sistema-mundo capitalista moderno-colonial que se forja desde 1453/1492 em sua conformação metabólica como parte da evolução da vida planetária. A história da região deixou marcas na sua geografia, como se registra com a presença de cinco línguas coloniais predominando na região, como o inglês, o holandês, o francês, o espanhol e o português. A visão colonial está tão impregnada que se ignora que mais de 180 línguas são faladas na Amazônia, das 274 línguas indígenas faladas no Brasil. Portanto, acautelemo-nos diante de um nacionalismo marcado pelo colonialismo interno que ignora as múltiplas nacionalidades/povos/etnias que se plasmaram com seus fazeres/saberes desde tempos imemoriais na região. Já vimos acima como as potências coloniais se impuseram por meio da violência no controle do "ouro vermelho", ou seja, dos povos originários. E, como não há dominação que não toque no que é dominado, a dominação implica, sempre, resistência sobre o que existe e, por isso, *R-Existe*. Os povos originários estão aí escancarando com sua simples presença/existência que o mundo é mais do que o mundo tal como o veem os dominadores.

Nesse sentido, cabe-nos superar o que, talvez, seja a pior herança do colonialismo, a saber, o desperdício de conhecimentos que emanam de qualquer experiência humana (Sousa Santos, 2007), na medida que a colonialidade inferioriza a quem coloniza e, assim, nega a igualdade entre os diferentes. A inferiorização do outro é condição da sua colonização e, assim, houve um enorme desperdício de conhecimentos implicados nos fazeres dos povos que aqui habitam. A história da Amazônia não começa com a chegada dos invasores e essa é uma verdade que os anos 1960, como novo *momento constitutivo* pelo colapso metabólico que representa na região, coloca para debate sobre os destinos que cabe à região e seus povos em conexão com os destinos do planeta e das humanidades, assim mesmo, no plural e pela pluriversalidade que emana da demanda de um mundo com relações sociais e de poder de iguais na sua diferença.

Há um giro geo-epistemológico que coloca a própria Amazônia e os/as amazônidas como anunciadores, a partir de suas lutas de *r-existência*, de outros horizontes de sentido com (e não para) a região. Esses outros horizontes se constroem a partir da memória de uma longa coexistência e *co-evolução* das sociedades e naturezas da região que produzem uma sócio-bio-diversidade que traduz um patrimônio de múltiplas temporalidades, conformando um metabolismo complexo que tanto sustenta a reprodução da vida na região como participa do metabolismo global. E, mais, que esse patrimônio vem se construindo nas lutas sociais que, ao negarem os processos de espoliação, anunciam e instituem outras territorialidades que emanam da própria Amazônia e, daí, para o mundo.

Estamos diante de um debate que requer ruptura com as dicotomias, como sugere William Balée. Inclusive, com a dicotomia entre as ciências sociais e as ciências naturais, tal como ainda predomina na universidade ocidental e na universidade ocidentalizada. A crise desse paradigma pode ser vista no debate acerca da crise das disciplinas e nas buscas de sua superação seja com a *inter*, com a *multi*, com a *trans*, seja com a *adisciplinaridade*. Observe-se que o debate ainda se mantém entre os disciplinados, quando o que se requer é um diálogo de saberes, o que implica os saberes vernaculares com seus portadores com pleno direito à cidadania, e não como um conhecimento menor, como quando é visto o etnoconhecimento e que tais. É de interculturalidade que se trata, como vêm propondo os povos originários e outros grupos/classes sociais que vêm lutando por outros sentidos para a vida com a terra. Enfim, por territórios com territorialidades outras, como sugerem o agrônomo quéchua Luis Macas e a cientista social estadunidense-equatoriana Catherine Walsh: "*Nuestra lucha es epistémica e política*".

## A Amazônia e sua conformação sociometabólica: dos saberes-fazeres indígenas aos encontros interculturais virtuosos

A Amazônia vem ganhando destaque no debate mundial não mais como fonte inesgotável de recursos tradicionais como matérias-primas agrícolas e minerais, apenas, mas também por seus recursos genéticos e por sua importância na dinâmica metabólica planetária, sobretudo no que diz respeito à dinâmica hidrológica-climática por esse imenso "oceano verde" e seus "rios voadores". Registre-se que a bacia amazônica abarca uma área de aproximadamente 8 milhões de km², ou 800 milhões de hectares, ocupados por florestas nativas, com aproximadamente 520 bilhões de árvores dos mais variados tamanhos, o que implica dizer que são produzidos todos os dias por essas árvores 26 trilhões de litros de água (Nobre, 2017). Um verdadeiro "oceano verde" de cuja evapotranspiração se formam o que alguns autores vêm chamando de "rios voadores". Regiões como o pampa uruguaio, argentino e gaúcho são beneficiadas pelas chuvas que se formam pela evapotranspiração da floresta amazônica, o que implica dizer que também o são toda a vasta região dos cerrados brasileiros, do chaco paraguaio-boliviano-argentino, do planalto paulista e paranaense, regiões que se destacam por serem celeiros agrícolas e por abrigarem uma grande concentração urbana, como a região Sudeste do Brasil (SP, RJ, MG e ES).

Toda essa dinâmica metabólica propiciada pela vasta extensão territorial de floresta exposta à intensa radiação solar (fotossíntese) é relativamente recente em termos de história natural em sua extensão geográfica. Essa história natural geografizada nos remete a um tempo cósmico que nos habita e do qual não escapamos (embora ignoremos). A bacia amazônica, a maior do mundo, está assentada numa enorme bacia sedimentar balizada ao norte pelo sistema Parima ou Guiano e, ao sul, pelo planalto central brasileiro e, atualmente, joga suas águas no oceano Atlântico, pois até a formação da cordilheira dos Andes, onde nasce o seu principal, o rio Marañon-Solimões-Amazonas, na Era Terciária, as águas circulavam entre o Oceano Atlântico e o Pacífico. O soerguimento da cordilheira dos Andes é que proporcionou que se formasse essa imensa bacia sedimentar a partir dos depósitos de materiais da cordilheira, do sistema Parima e do planalto central brasileiro.

O fluxo das águas dessa bacia hidrográfica sempre dependeu das variações climáticas planetárias, sobretudo dos avanços e recuos das glaciações. A última dessas glaciações, a Würm, ocorreu entre 13 mil e 18 mil anos antes do presente (Ab'Saber) e foi precedida por outras quatro, tendo, a mais remota delas, a glaciação Donau, ocorrido há cerca de 2 milhões de anos. Enfim, entre essas glaciações, nos períodos interglaciais, as calotas polares regridem, como no atual período em que vivemos (Pleistoceno), que praticamente nos dá a geografia dos atuais biomas e o atual contorno dos oceanos. Só para que tenhamos um parâmetro das implicações dessa dinâmica que, diga-se de passagem, nos dão as condições metabólicas de nossas vidas, durante o período da glaciação Würn, as calotas polares, no Hemisfério Norte, estavam na altura da latitude de Paris e de Nova York e, no Hemisfério Sul, avançavam desde a atual Antártida até os confins da Araucania, terra que, com o recuo da glaciação, foi ocupada pelos Mapuche. Toda essa água em estado sólido sob a forma glaciar que ocupava a vasta área indicada estava retida, congelada, e não circulava na atmosfera que, por isso, tinha um clima geral mais seco.

Essa extensa camada de gelo desses glaciares criou pontes entre a atual Ásia e o continente que habitamos. Uma ponte de gelo, por exemplo, unia o atual Alasca e a Rússia e, por ela, diversos povos atravessaram e ocuparam as Américas ou Abya Yala, como os povos indígenas de hoje designam as terras em que chegaram há mais de 10 mil anos – em alguns casos até 30 mil anos, como no atual México – reivindicando a prerrogativa de nomearem as terras onde plasmaram suas vidas. Até esse período, a Amazônia abrigava amplas áreas de savanas, pelo fato do clima geral do planeta ser mais seco e a floresta estar restrita a algumas áreas, designadas por Aziz Ab'Saber e Paulo Vanzolini como refúgios.

O volume de água desprendido com o recuo da glaciação Würm fez o nível dos oceanos subir cerca de 100 metros em relação ao nível de então, submergindo muitas das plataformas continentais atuais que, hoje, abrigam arrecifes de coral e outras formas naturais, além de inúmeros manguezais, como no Amapá, onde a vida viceja em profusão. Essas águas, agora em estado líquido, e com o clima mais quente do planeta, passaram a circular na atmosfera e se precipitarem sob a forma de chuvas mais intensamente na zona tropical e, especialmente, na zona equatorial, onde está a Amazônia.

Com essa umidade e a intensa radiação solar, a floresta passou a colonizar todo o espaço amazônico, até nos brindar com esses 800 milhões de hectares de floresta ombrófila densa e aberta. Mas atenção: os registros mais antigos de presença da espécie humana na região é de 19 mil anos, a Formação Cultural Chiribiquete, na atual Amazônia colombiana e, no Brasil, o registro mais antigo é de 11.200 anos, no Pará, no Sítio de Pedra Pintada, no município de Monte Alegre. Esses dois registros mais antigos de presença humana, como se vê, são anteriores à formação dessa vasta área de floresta ombrófila que hoje é o bioma de maior diversidade biológica de todo o planeta. Ou seja, na

Amazônia a presença humana já se fazia quando ali predominavam as savanas. Em outras palavras, a Amazônia tem registro de presença humana antes de abrigar essa imensa floresta hoje tão debatida.

Há cientistas, como os respeitadíssimos Humberto Maturana e Francisco Varela, que afirmam, com seus próprios fundamentos científicos, como a biologia do conhecimento e a autopoiesis, que não há vida sem conhecimento e, como bons biólogos que são, a vida para eles é entendida no sentido mais amplo, que inclui a vida humana mas não se reduz a ela (Maturana; Varela, 2001). Afinal, a vida animal sabe e, assim, esses cientistas abrem uma possibilidade de diálogo intercultural com os povos indígenas, por exemplo, que com suas perspectivas próprias admitem outras perspectivas da vida, como a dos animais, em suma, para além da vida humana. Outros cientistas, como William Balée e Darrel Posey, ao estudarem a Amazônia chamaram a atenção para a profunda imbricação povos-floresta e chegaram a caracterizar a grande floresta como *floresta tropical cultural úmida*; em suma, ratificaram a ideia da *co-evolução* dos povos com a natureza.

A bióloga do Inpa, Juliana Lins, referenciando-se em autores como Balée, McMichael e outros, indica que pelo menos 11,8% da terra firme na Amazônia brasileira é de origem cultural e que 3,2% de sua área é formada por solos antrópicos ou terra preta, o que, para as dimensões amazônicas, representa uma área gigantesca. As terras pretas a que a autora faz alusão são manchas de solos de origem antrópica que possuem extensões que variam de um a 350 hectares e chegam a ter até dois metros de profundidade. As terras pretas são encontradas nos municípios de Autazes, Parintins, Iranduba e Manacapuru, no Amazonas e, no Pará, é encontrada no município de Santarém, que foi estruturado sobre este tipo de solo. Há registros, ainda, na Amazônia peruana e em outros locais da Amazônia latino-americana.

São solos de alta fertilidade, ricos em fósforo, cálcio, magnésio e manganês e apresentam abundante quantidade de fragmentos de cerâmicas indígenas produzidas há centenas de anos, o que dá conta de sua origem antropogênica. Sua formação envolveu muito lixo, restos de comida e também fezes e fogo, manejado para uma queima em temperaturas relativamente baixas que, em vez de formar cinzas, produziam carvão que retém nutrientes, estabiliza a matéria orgânica, aumenta a capacidade de troca catiônica e é resistente à degradação biológica (Glaser; Birks, 2012, citados por Lins, 2015).

Segundo o pesquisador alemão Christoph Mueller, as terras pretas são uma "mostra que os povos indígenas tinham uma visão mais profunda sobre o que estavam fazendo – basicamente a criação de solos com alta fertilidade". Segundo o mesmo pesquisador, há um grande interesse internacional em investigar as terras pretas. E pergunta "pela elevada fertilidade do solo. O que torna esta terra tão singular em termos de alta fertilidade?" (Mueller, 2013, s. p.)

E aponta que esse produto do saber-fazer indígena pode aportar contribuições altamente relevantes com que, hoje, a humanidade se defronta, como por exemplo "para o problema da degradação dos solos. Isso é importante para o desenvolvimento de práticas de gestão que aumentem a fertilidade do solo a longo prazo, sem a adição de fertilizante mineral" (Mueller, 2013, s. p.)

E conclui: "Em particular, a elucidação dos ciclos elementares (por exemplo, nitrogênio, carbono) em contraste com o solo 'não-antropogenicamente' afetado nesta área irá fornecer informações importantes sobre como as alterações antrópicas afetam os ciclos de nutrientes e sua renovação nos solos" (Mueller, 2013, s. p.)

E, diante, do colapso metabólico que o planeta/a humanidade vive, como, por exemplo, no caso das mudanças climáticas, o pesquisador alemão destaca que

> outro aspecto importante é a investigação do mecanismo de sequestro de carbono destes solos. O biocarvão, presente na Terra Preta, é geralmente muito estável e, por conseguinte, fornece um alto potencial no sequestro de carbono. Este aspecto combinado com a alta fertilidade, como mencionado acima, é exclusivo destes solos. Em contraste com a pesquisa moderna de biocarvão, que necessita de avaliações de longo prazo sobre os efeitos das práticas de manejo sobre a dinâmica nutricional no solo. Essa dinâmica é única e só pode ser utilizada em solos como a Terra Preta, que foram criados ao longo de milhares de anos. Assim, a Terra Preta pode atuar como um modelo de solo, para entender melhor a fertilidade a longo prazo e o potencial de sequestro de carbono, em resposta a práticas de gestão antropogênicas. (Mueller, 2013, s. p.)

Os povos da floresta, enfim, agradecem o reconhecimento, ainda que tardio. Além das manchas de terra preta, Juliana Lins lista uma série de elementos na paisagem amazônica, como montículos artificiais, estruturas de guerra em sítios arqueológicos, florestas antrópicas como os castanhais e babaçuais, geoglifos, que reforçam que as sociedades originárias da Amazônia eram muito maiores do que se costuma imaginar (Lins, 2015), alcançando estimativas populacionais de 6,8 milhões de pessoas antes da presença dos europeus (Denevan, 1976 *apud* Lins, 2015). Mas o mais importante, para a autora, é que esses legados, como por exemplo a terra preta e as áreas com elevada diversidade florestal, se mantêm até os dias atuais e são altamente relevantes para os sistemas de produção diversificados manejados por povos e comunidades do campo na Amazônia atual, configurando-se como uma das bases para a agroecologia na região.

Outras pesquisas, ainda, ao mapearem a riqueza em diversidade biológica da Amazônia, registraram que as áreas de maior diversidade são aquelas com a presença dos povos tradicionais. Várias espécies tidas como nativas da Amazônia são verdadeiros cultivares, como são os casos da pupunha e do ouricuri. As concentrações anormais para os padrões da floresta amazônica de algumas espécies em algumas áreas, como os castanhais no Pará ou no Acre, são indicativas da floresta antrópica, ou melhor, da floresta tropical cultural úmida (Posey e Balée, 1989; Posey, 1987). Na Amazônia é comum encontrar-se, em apenas um hectare de floresta, uma diversidade biológica maior do que em todas as florestas das regiões de clima temperado e frio dos países do Hemisfério Norte. E, também, é comum que várias espécies não se repitam no hectare vizinho. O mundo da floresta tropical está longe da monocultura e, por isso, é uma verdadeira violência simbólica, como também material, nomear como reflorestamento os plantios homogêneos de árvores, como no caso das monoculturas de dendê, eucalipto e de *pinnus*.

Cabe recordar que muitas das principais plantas que hoje servem de alimento para a humanidade foram domesticadas pelos povos amazônidas: a mandioca, a amarga (*Manihot esculenta*) e a doce (*Manihot dulcis*); amêndoas, como a castanha-do-pará (*Bertholletia excelsa*); plantas estimulantes como o guaraná (*Paullinia cupana*); plantas medicinais como a ipecacuanha (*Cephalis ipecacuanha*), de onde se extrai o cloridrato de emetina; a copaíba (do gênero *Copaifera*), usada contra afecções das vias urinárias; a quinina (*Cinchona officinalis*), que até 1930 era o único antimalárico disponível; até plantas de uso industrial, como a borracha (*Hevea brasiliensis*), não totalmente substituída por sintéticos, sobretudo para fins de luvas cirúrgicas e preservativos de alta qualidade; a palmeira de *carnaúba* (*Copernicia* sp.), de que se extrai cera e palha; o *timbó* (*Tephrosia* sp.), que contém um ingrediente do DDT – a rotenona, usado como inseticida, na medicina sanitária e na agricultura; além das plantas manufatureiras que os indígenas cultivavam ou utilizavam em estado silvestre, como os distintos algodões (*Gossypium* spp.); a *caroá* (*Neoglaziovia variegata*), espécie de bromélia usada para fazer fios e tecidos; e a *piaçava* (*Leopoldinia piassaba*), de largo uso como vassouras, cobertura de casas e tapetes.

Ou seja, os povos originários são também produtores de biodiversidade e não se pode mais ignorar a contribuição desses povos não só na criação de diversidade biológica ou biocultural, como também o seu papel para que esse imenso legado chegasse até nós. Entre os pesquisadores e intelectuais brasileiros, cabe destacar a importância de José Veríssimo (1857-1916), paraense de Óbidos, que chamara a atenção para o profundo sentido de liberdade dos amazônidas pela cultura que haviam desenvolvido com a floresta, sobretudo por saberem desfrutar da sua enorme produtividade biológica primária que lhes proporcionava frutos para seus alimentos, para sua cura, para sua arquitetura e que lhes permitia sobreviver pela vida em profusão que a floresta oferece. Registros científicos mais recentes dão conta de que, em média, a floresta tem aproximadamente 300 toneladas de biomassa por hectare, chegando a 340 nas áreas de floresta ombrófila densa que corresponde a 57% do total da Amazônia (Higuchi e Carvalho Jr., 1994). Considerando-se que aproximadamente 10% desse volume se recicla todo ano, isso implica uma produção anual entre 30 e 34 toneladas por hectare. Ou seja, vida em profusão que os amazônidas que plasmaram suas culturas (saber/fazer, *know how* ou *savoir faire*) em convivência com essas condições metabólicas souberam tirar proveito com sua inteligência.

José Veríssimo registrara em seus *Estudos Amazônicos*, reunião de artigos publicada em livro pela UFPA, que o capitalismo tivera grande dificuldade para se afirmar na Amazônia, porque os amazônidas tinham opções de se livrarem do assalariamento, haja vista que a floresta lhes garantia o sustento por sua riqueza derivada de sua enorme produtividade biológica primária, ou seja, a produção de biomassa proveniente da fotossíntese (Leff, 2004). Essa teria sido, ainda, a razão para que na Amazônia não se tenha formado nenhum império com suas estruturas piramidais.

Ao contrário do que dissera Marx: "uma natureza pródiga leva o homem como se leva uma criança ao colo" (2013, p. 712-713), José Veríssimo chama a atenção para o fato dessa condição de riqueza em profusão ter proporcionado a vida em liberdade (Veríssimo, 1970). Sempre é possível que um grupo humano relativamente reduzido possa criar, mais adiante, um novo assentamento e desfrutar da elevada produtividade biológica primária. Ainda hoje, só no Brasil, existem 114 povos em isolamento voluntário, vivendo sua liberdade, para não falar dos 305 povos conhecidos em todo território nacional, aproximadamente 70% deles na Amazônia.

É ainda importante acrescentar que a dinâmica biocultural de produção/reprodução da floresta pelos povos indígenas na Amazônia não pode se contentar com uma imagem dos indígenas parados e estáticos em suas terras/territórios. A produção da vida é também a circulação e o intercâmbio. O caminhar dessas diversas etnias por esse vastíssimo território amazônico ao longo dos milênios, bem como a migração de diversos povos em direção à Amazônia, não só se confirma pelo fato de que muitas etnias têm no caminhar pela floresta, na busca pela terra sem males, no abandono temporário de certos espaços, na recuperação de áreas doentes, ou mesmo no abandono definitivo de determinadas áreas, elementos de organização de suas cosmologias e formas de produzir, mas também pelo fato dessa circulação e intercâmbio significar acréscimos à diversidade biocultural da floresta, o que é cada vez mais difícil pelo cada vez maior confinamento territorial imposto aos povos indígenas, como atesta o depoimento de Ailton Krenak, que, ao falar do encontro com os Suruí, atesta que

> O conhecimento tradicional dos suruí para recuperar área que está doente [...] é um conhecimento que implicaria eles abandonarem aquela região [...] por um período de 200, 300 anos, pela extensão dela, para se recompor de novo. Os suruí não vão poder ficar 200, 300 anos num outro lugar porque toda a região de Rondônia em torno deles, o cinturão em torno deles, está devastada. (Krenak, 2015, p. 59-60)

Se os indígenas produziram sua liberdade pela floresta, os quilombolas saberão tirar proveito dessa condição, como se pode ver nas amplas áreas de territórios livres da escravidão no Maranhão, no Pará e no Amapá em que a floresta densa não foi só abrigo e proteção, mas também alimento em profusão. E souberam tirar proveito também dos "acidentes geográficos", como das cachoeiras do rio Erepecuru que, para os quilombolas, eram sinônimo de liberdade, posto que serviam como barreiras de proteção, pois se situavam rio acima.

Não se pode entender a Amazônia com o paradigma *eeuu*rocêntrico que separa homem e vida, que separa sociedade e natureza, pois ali houve *co-evolução* e é impossível falar de natureza sem considerar a profusão de vida que ali viceja, entre elas a vida humana, com seus conhecimentos plasmados nas diversas culturas (saber/fazer) que habitam a região. O antropólogo William Balée, profundo conhecedor da Amazônia, afirma que a relação entre natureza e cultura é dialógica, e não dicotômica (Balée; Erickson, 2006). Entre os povos originários é difícil encontrar algum sinônimo para natureza. Entre os povos andino-amazônicos, a palavra *pachamama* é o equivalente homeomórfico (*Pannikar*) mais próximo e, como equivalente, não é igual. *Pacha* é, simultaneamente, espaço-tempo, já que não existe uma palavra para espaço e outra para tempo (física quântica?). Da *pachamama* fazem parte os humanos e não humanos, os lagos, os glaciares, a cordilheira, o mundo material e o imaterial. E são seres sencientes, seres que sentem, onde há antropomorfismo e não antropocentrismo. Até mesmo os deuses estão ali entre os mortais e, talvez por isso, esses povos não se sentem suficientemente poderosos para dominar os deuses como no antropocentrismo *eeuu*rocêntrico, em que o homem domina uma natureza dessacralizada.

Talvez uma outra palavra nos ajude a entender a tamanha riqueza dos pensares indígenas amazônicos e tamanha pobreza de significação que o pensamento *eeuu*rocêntrico oferece à natureza. A palavra é *Hutukara*, usada pelos xamãs Yanomami para denominar aquilo que talvez nossa língua entenda por mundo. Davi Kopenawa Yanomami ensina-nos que "a *Hutukara* fica junto com a pedra, terra, com a areia, o rio, o mar, o sol, a chuva e o vento. *Hutukara* é um corpo, um corpo que é unido, ela não pode ficar separada [...]. Ela é uma grande casa, e nós estamos dentro do corpo dela [...]. *Hutukara* é nossa mãe, ela que deixa nascer" (Kopenawa; Gomes, 2015, p. 146).

Ailton Krenak (2019, p. 22-23), no livro cujo título já é um presente, *Ideias para adiar o fim do mundo*, alinhado à noção de *pachamama* e *hutukara*, fala-nos que

> a ideia de nós, humanos, nos descolarmos da terra, vivendo uma abstração civilizatória, é absurda. Suprime a diversidade, nega a pluralidade de existência [...]. Quando despersonalizamos o rio, a montanha, quando tiramos deles os seus sentidos, considerando que isso é atributo exclusivo dos humanos, liberamos esses lugares para que se tornem resíduos da atividade industrial e extrativista.

Afinal, foi necessário expulsar os deuses, e quem acreditava neles, para que se pudesse dominar a natureza. Não foram só os indígenas e camponeses que foram expulsos das suas terras, como se vê.

Apesar de todo esse conhecimento que arrolamos até aqui, ainda há muita desconfiança e preconceito em considerar a inteligência desses povos e de sua racionalidade própria, como se fosse possível alguma sociedade humana existir sem que tenha sua própria razão de ser, sua racionalidade própria. Afinal, não há língua sem sua lógica interna própria, sem sua gramática própria, enfim, que não registre na própria língua o conjunto de conhecimentos de um povo. Muitos chamam a esses conhecimentos de etnoconhecimento sem se aperceberem do enorme preconceito que a expressão carrega, como se fossem conhecimentos impregnados por especificidades locais e regionais, não universalizáveis. Como se o conhecimento nascido na Europa que se reivindica de origem greco-romana fosse universal e, assim, fosse um conhecimento atópico, de lugar nenhum, e não um conhecimento também nascido em uma província específica do mundo, no caso, a Europa Ocidental.

O *eeuu*rocentrismo está tão enraizado que poucos questionam que a Europa não é exatamente um continente, mas sim um conjunto de penínsulas da Ásia (Escandinava, Ibérica, Balcânica) que avança sobre o Atlântico. E que foi só quando o mundo se des-orientou, ou seja, que deixou de buscar os grandes mercados do Oriente, que se pode falar de eurocentrismo e, depois de *eeuu*rocentrismo. Observe-se que Oriente Próximo, Oriente Médio e Extremo Oriente são expressões que falam de algum lugar (de poder). Um chinês ou hindu não chamariam de Extremo Oriente o que nós chamamos como tal, assim como Oriente

Médio e Oriente Próximo. Sempre se fala de algum lugar geográfico e de um grupo/classe social. Não há práxis, assim como sua linguagem, atópica.

E não só um conhecimento, como todo conhecimento, leva as marcas do seu lugar de origem, como também suas marcas de gênero, de raça e de classe e seus intercâmbios, haja vista que a vida de qualquer grupo social totalmente isolado é biologicamente impossível. No mínimo há que intercambiar pessoas, fazendo alianças ou guerras, em síntese, política.

Francis Bacon (1561-1626), um dos principais filósofos responsáveis pela afirmação do antropocentrismo e da "tecnociência" (a expressão é sua), dirá que se trata de um conhecimento prático que deve estar a serviço da "dominação da natureza", outra expressão de sua lavra. Ele também será autor de um livro com o sugestivo título *O nascimento masculino do tempo*, esse tempo da dominação da natureza (Oliveira, 2010). Assim, nasce uma ciência não do *cuidado*, como a ciência indígena ou o olhar feminino, mas sim nasce uma ciência da *dominação* da natureza, enfim, uma ciência patriarcal. E sabemos, não foram as mulheres as protagonistas da ciência ocidental, nem da barbárie das frentes capitalistas na Amazônia, motivo pelo qual elas terão muito que lutar para se afirmar contra o machismo desse *tempo masculino nascido* no Renascimento. Não deixemos dúvidas: o patriarcalismo é muito mais antigo, mas aqui, no Renascimento ele é reinventado. Portanto, há descontinuidade na continuidade do patriarcalismo.

E mais, esse conhecimento que se afirmaria como antropocêntrico excluíra o conhecimento dos povos indígenas e negros ignorando, por exemplo, que uma das mais antigas universidades do mundo nascera em Tumbuctu, na África, para não retomarmos os conhecimentos dos povos originários da Amazônia que aqui, ainda que resumidamente, elencamos uma tímida referência. Não se constrói Machu Picchu, aliás, uma cidade andino-amazônica, sem conhecimentos arquitetônicos (e obviamente, medicinais e agronômicos).

A história urbana, vê-se, não tem um único centro de origem e a Amazônia aporta contribuições nesse sentido, e não apenas como conhecimento acerca do urbano, mas também para a integração regional sul-americana, haja vista o "máximo controle de pisos ecológicos", conforme pesquisas de John Murra que articulavam pequenos núcleos de povoamento entre o Pacífico e a Amazônia, por meio dos Andes (Murra, 1972). Essa integração entre os povos foi desintegrada com a colonização e a posterior divisão em Estados territoriais que mantiveram a colonialidade e que, só na Amazônia, deixou nove Estados divididos (Bolívia, Brasil, Colômbia, Equador, Guiana, Peru, Venezuela, Suriname e um Estado colonial ainda presente, a França), onde antes havia integração de diversos pisos ecológicos.

É esse conhecimento hegemônico *eeuu*rocêntrico que teima em caracterizar os solos amazônicos como pobres, sem se indagar por que solos tão pobres abrigam a maior densidade de biomassa jamais contida em qualquer outra área equivalente fora da Amazônia. Já indicamos o enorme volume de biomassa por hectare e a enorme produtividade biológica primária da região. E lá vêm os parâmetros *eeuu*rocêntricos de medir a fertilidade do solo em NPK, ou seja, em nitrogênio, fósforo e potássio que, diante da pluviosidade amazônica, se diluiriam com a lixiviação e a laterização. Sim, retirada a floresta, o solo fica exposto às chuvas e daí a lixiviação-laterização. Mas atenção! O solo se alimenta da floresta, como bem dissera Harald Sioli (Sioli, 2006); a floresta vive de si mesma, ao fornecer ao horizonte A do solo, com seu húmus, a fertilidade. Enfim, os solos da Amazônia são, simplesmente, compatíveis com a floresta. Não é difícil observarmos a colonialidade do saber (e do poder) que acompanha essa visão sobre a Amazônia, e não *da* Amazônia, que vê seus solos a partir de uma perspectiva que lhe é estranha: vê o solo sem a floresta e, por isso, enxerga a lixiviação dissolvendo o NPK. Enfim, um desmatamento epistemológico que não vê a relação dialógica que os povos originários e as campesinidades amazônidas construíram e que cientistas como William Balée, Darell Posey, José Veríssimo, Stepan Varese, Enrique Leff, Arturo Escobar, Victor Toledo, entre muitos, vêm reconhecendo.

Essa visão integrada de floresta-solo-água-povos permite explicar a riqueza Amazônica, levando-nos a pensá-la pela abundância e não pelo princípio da economia neoclássica, a escassez. E essa abundância tem a ver com seu sociometabolismo, que se estabeleceu desde o fim da última glaciação Würm, cerca de 13 mil anos antes do presente. Todo esse legado que hoje a humanidade pode apreciar, e talvez desfrutar, se deve a práticas econômicas que se mostraram compatíveis com a vida. Se a ideia, já tão poluída, de sustentabilidade pode ainda ter algum sentido digno, com certeza os saberes-fazeres dos amazônidas se mostram comprovadamente sustentáveis e num tempo de larga duração: mais de 10 mil anos!

Mas não olvidemos, são saberes-fazeres em que a escala joga um papel não secundário ou marginal, mas sim essencial: para os amazônidas é a escala da vida em sua reprodução metabólica socioculturalmente referida (Polanyi, 2012) e, assim, é uma economia que valoriza seu radical eco, o mesmo que Aristóteles dissera ser o fundamento da economia, ao contrário da crematística. E sabemos que a escala com que se move hoje a economia é a escala do capitalismo global com o qual se pretende integrar a Amazônia, ignorando que o que move a economia nessa escala global não é o metabolismo da reprodução da vida, mesmo a vida no sentido de vida nua (Agamben, 2002) e, menos ainda, a vida como metabolismo socioculturalmente referido. As escalas, sabemos, não são externas às relações sociais e de poder que as conformam.

A escala da reprodução da vida não se refere apenas ao espaço geográfico, com suas relações sociais e de poder, mas também ao tempo, uma vez que o espaço geográfico é uma acumulação desigual de tempos no qual convivem, simultaneamente, diferentes temporalidades, conforme Milton Santos, em seu livro *A natureza do espaço* (2006).

Como visto, a Amazônia, em toda a sua abundância, é expressão simultânea de um tempo-espaço geológico iniciado há 70 milhões de anos, que conformou essa imensa bacia sedimentar, um tempo-espaço geomorfológico, há 13 mil anos, em que o recuo das glaciações levou à formação de uma zona tropical e equatorial propícia à expansão da floresta sobre as savanas, e um tempo-espaço arqueológico e antropológico que, desde 19 mil anos, vem produzindo uma floresta cultural tropical úmida pela imbricação dialógica entre sociedades e natureza (Porto-Gonçalves, 2015). Nas fases mais recentes do tempo-espaço antropológico, mesmo sob a tensão dos processos de espoliação que impregnaram a conformação da região como parte do sistema-mundo moderno-colonial, manteve-se a coexistência e a *co-evolução* da diversidade de povos e comunidades da floresta, desde as populações originárias sob ataque, forçadas a migrações para as áreas mais distantes das frentes de colonização, ex-escravos aquilombados que se tornavam libertos e uma diversidade de expressões de um campesinato amazônida que, a partir de um padrão milenar de organização do espaço marcado pela dinâmica sociometabólica com base na fotossíntese, plasmou-se em torno dos seus rios, de suas várzeas e suas terras firmes. O escritor paraense Leandro Tocantins consagrou esse padrão de organização do espaço com a expressão "O rio comanda a vida", título de um de seus mais belos livros (Tocantins, 2000).

Sim, a vida se fazia em torno dos rios e do uso integrado das várzeas e das terras-firme, as duas unidades da paisagem que os camponeses ribeirinhos consagraram em diálogo com as matrizes de racionalidade dos povos originários. Na várzea, a casa e seu quintal, com a criação de pequenos animais e uma agricultura, na qual havia garantia de proteínas com a pesca. Na terra firme, a extração de frutos e remédios, além de madeira para fazer a casa, móveis e, bem selecionada, geralmente sem emendas, para fazer canoas ou barcos maiores. Toda uma tradição de fazer barcos fez a conexão entre comunidades e a ocupação/produção da floresta. Esse campesinato ribeirinho é, em boa medida, aquele que Darcy Ribeiro designou como indigenato, ou seja, um campesinato etnicamente diferenciado que, em grande medida, é de origem indígena, em vastas porções da Amazônia conhecido por caboclos para fugir da discriminação como indígena e que, atualmente, muitos deles se reinventam como indígenas.

Costa (2010), revisando dados do período colonial, indica que já no período pombalino, a partir de 1755, existiam estruturas produtivas e comerciais, com forte peso econômico na época, que não se resumiam aos diretórios civis oficiais ou aos colonos europeus escravistas. Tratava-se, na verdade, da formação de um campesinato típico da região, "fora do controle do sistema produtivo vigente", que, dada sua herança indígena, sabia muito bem viver da floresta, porém dada sua aproximação com o mundo colonial, por meio dos aldeamentos ou diretórios, estabelecia novas relações com os circuitos mercantis, via contatos, sempre contraditórios, com comerciantes autônomos, os regatões, marreteiros e aviadores. Esse campesinato em formação, que se fortalece à medida que os diretórios entram em crise, dará origem a um campesinato-caboclo, segundo denominação de Costa (2010), que ocupará as áreas ribeirinhas da Amazônia.

A enorme riqueza em proteínas que lhes oferecem os rios, com suas tartarugas, tracajás, jabutis e peixes, foi criativamente apropriada com a destreza da pesca, como se pode apreciar com a habilidade de se portar de pé numa canoa e apontar a zagaia, um tipo de arpão, para recolher o peixe. Ou então, com a sabedoria de lançar o timbó, embriagar o peixe e recolhê-lo sem maiores dificuldades. O camponês ribeirinho que se formou desde o início do processo de colonização bebeu nessa fonte de inspiração que é o saber indígena que, como vimos, plasmou-se desde que a floresta passou a predominar no ambiente há mais de 10 mil anos.

Uma das principais fontes desse legado indígena que marcará a história camponesa não só na Amazônia tem a ver com a profunda relação com a mandioca, cujo centro de origem é o Brasil e, em particular, a Amazônia. Não raro ouvimos em cada lugar que se tem a melhor farinha da região e que atende aos muitos gostos da farinha à tapioca, ao beiju, ao tucupi. Mas essa é a parte mais conhecida da mandioca. O trato da mandioca até chegar aos paladares é muito mais profundo. A mandioca produz comunidade, haja vista que todo o fazer no seu trato implica que não se faça nada sozinho: há que estar junto para descascar a mandioca; há que se estar junto para ralar; há que se estar junto para assar na casa de farinha. E cada etapa deve se seguir imediatamente à outra. As mulheres têm um papel fundamental nesses fazeres e se fazem acompanhar de seus filhos num clima de muita conversa, quase de festa. Enfim, mais que um produto, a farinha de mandioca e outros sabores guardam não só saberes, mas toda uma tradição gregária onde, mais que o negócio, é a cultura enquanto comunidade que se reproduz.

Esses camponeses ribeirinhos foram protagonistas da maior revolta popular jamais havida em território brasileiro, a Cabanagem (1835-1840), e que deixou um saldo trágico de mais de 30 mil mortos, sobretudo de cabanos, a maior parte deles identificados como Tapuios, o que indica sua origem entre os indígenas, ainda que jamais tenha existido qualquer indígena tapuia, a não ser na cabeça do invasor. Há que se lembrar que a ideia de indígena não é indígena, mas sim uma designação colonial que juntava diferentes povos. É o mesmo que chamar de brancos ou de europeus genéricos os alemães, os portugueses, os franceses, os gregos, os godos e visigodos, os bretões e tantos outros povos diferentes. Enfim, como afirmara o intelectual quéchua boliviano Fausto Reinaga, "não somos índios, mas é como índios que vamos nos libertar". Afinal, o conceito colonial de índios, contraditoriamente, permite juntar os diferentes índios numa mesma categoria com a qual se classificam, ou seja, ficam classe, inspirando-nos em José Carlos Mariátegui e Aníbal Quijano.

Registre-se, ainda, a presença entre os cabanos de negros libertos, os quilombolas ou mocambeiros, sobretudo no Pará, Maranhão e Amapá. Como já indicamos acima, a floresta foi abrigo e alimento para esses negros que escapavam da escravidão. Destaquemos que a literatura historiográfica brasileira mais destacou a trilogia do latifúndio, da monocultura e da escravidão, ou seja, os espaços de opressão e exploração a serviço de uma classe dominante oligárquica e branca, do que esses espaços de liberdade que plasmaram vastas porções do território brasileiro que, ainda hoje, reivindicam seu reconhecimento *de jure* para a situação de posse *de facto* de seus territórios. Sublinhe-se, mais uma vez, esse profundo sentimento de liberdade e de autonomia que marcam a geografia desse campesinato etnicamente diferenciado, inclusive nos quilombos ou mocambos.

A reinvenção da liberdade inscrita em muitos quilombos também teve sua existência minimizada na geografia histórica amazônica por uma ciência branca tributária de uma sociedade escravocrata que, historicamente, tornou inexistente essa organização social em liberdade, extremamente potente e diametralmente oposta às lógicas coloniais. Não sem razão,

> A organização social alternativa do quilombo, reunindo índios, escravos, foros, nasce com uma visibilidade negativa por representar limites e afrontas à sociedade

> escravista. O quilombo foi positivamente o limite de propriedade e de produção escravista, como também, do domínio social e político articulado a essa formação social. Nesse sentido, atinge profundamente a ordem escravista, tendo como resposta a repressão e a estigmatização por parte dos senhores e das autoridades [...]. Não cabia a essa sociedade entender aspirações de liberdade, muito menos valorizar outro sistema de vida e de trabalho gerado na contradição de sua existência. (Acevedo Marin; Castro, 1998, p. 67)

Permitam-nos recuperar a informação arrolada do significado das cachoeiras como limite dos territórios a montante no rio Erepecuru, no Pará. Agregue-se que os regatões chegavam até as cachoeiras para vender seus produtos e comprar sobretudo o cacau dessas populações geralmente por meio de uma troca desigual, se considerarmos a dimensão econômica ali praticada. No entanto, para os negros aquilombados interessava-os muito mais as informações que os regatões traziam a respeito dos que buscavam perseguir os negros em liberdade. Os limites territoriais físicos contribuíram para as comunidades construírem suas formas de conhecimento e desenvolverem modos específicos de produção de óleo de copaíba, salsaparrilha, além de vários outros produtos (Acevedo Marin; Castro, 1998).

Nas palavras de um estudioso desse grupo social: "Hoje recuperar esse passado tem um sentido ampliado: afirmação de uma identidade e luta pela titulação da posse da terra. Nesse sentido, as práticas culturais como lugares de memória constituem os pilares do ser remanescente, ser mocambeiro e do sentido de pertença" (Funes, 2019, s. p.). Nessa concepção, na relação com a terra "está outra marca da ancestralidade desses descendentes de quilombolas". E, já na atualidade, "vivem-se momentos em que se confrontam duas concepções de valor da terra: 'terra de trabalho', sentimento de 'nosso', *versus* 'terra de negócio', especulação fundiária [...]". Quer dizer: "implicando novas formas de organização e de enfrentamento por aqueles que se sentem ameaçados pelos 'de fora'. Momentos em que se afirma a identidade negra, quilombola, afro-amazônica, frente ao outro, que os vê com olhares de estranhamento".

> Momentos em que se afirma a identidade negra, quilombola, afro-amazônica, frente ao outro, que os vê com olhares de estranhamento. Na busca das raízes está a afirmação de suas identidades e de pertenças ao território, no qual estão fincados. Nesse sentido – do mocambo 'paragem deserdada e escondida' às comunidades de hoje, 'lugar de fartura e trabalho' –, o caminho percorrido pelos negros foi de criação de direitos. Manter a terra liberta tornou-se a representação do direito de ser livre e de posse do espaço vivido. Na constituição dos mocambos, estava a concretização da liberdade da escravidão; e na terra liberta, está a concretude das comunidades negras remanescentes dos mocambeiros. Esse movimento tem ganhado força consubstancial através da organização de associações dos quilombolas, que têm conseguido o título de posse das terras ocupadas há mais de um século por aqueles que forjaram na luta o direito à liberdade. (Funes, 2019, s. p.)

Para Funes, com esse sentimento de pertença, "enraizado na sua ancestralidade", reforçou a luta desses sujeitos pela posse e titulação definitiva de suas terras, com base nos dispositivos legais, como o artigo 68 das Disposições Constitucionais Transitórias da Constituição Federal, de 1988, e o artigo 322, da Constituição do Estado do Pará. Funes recorda que especialmente na década de 1980, diante repressão do Estado que se uniu às várias formas de repressão, as comunidades iniciaram uma nova forma de organização por seus direitos "como descendentes de quilombolas, de ex-escravos, e, em especial, como cidadãos".

Funes explica que no Brasil, em 1995, a conquista do primeiro título de posse de terra por uma comunidade quilombola, de Boa Vista, no Rio Trombetas, foi resultado dessa organização mais ampla. No ano seguinte, as comunidades negras do Pacoval e Água Fria também conquistaram os títulos de posse de terra. Atualmente, as comunidades daquela região já possuem dez títulos de posse coletiva da terra, resultado da articulação de centenas de comunidades afro-amazônicas, descendentes dos quilombos originários do século XIX, como nos lagos e paranás próximos a Santarém. Entre elas, estão as comunidades de Arapemã, Saracura, Murumuru, Murumurutuba, Tiningu e Bom Jardim.

Essa lógica particular de organização social e uso comum do território como reinvenção da liberdade talvez possa ser sintetizada pela forma com que os habitantes da região do Trombetas se identificam ante aos visitantes: "filhos do Trombetas", o que expressa sua relação umbilical a um território marcado por uma rica rede hidrográfica, capaz de fazer viver e, ainda, limitar a circulação de comerciantes, religiosos, dentre outros, favorecendo uma existência livre (Acevedo Marin; Castro, 1998).

Uma outra vertente da formação do campesinato amazônico dar-se-á a partir do fluxo migratório que se inicia nos anos 1860, quando começa o interesse na exploração da goma elástica, no que seria conhecido como o ciclo da borracha. Nas décadas que se seguiram até 1910, foi grande a migração de nordestinos para a coleta do látex, sobretudo originários dos sertões do semiárido nordestino, região de homens de grande sentido de lealdade e de liberdade, como destacaria Euclides da Cunha. É interessante registrar que a opção pela Amazônia por esses migrantes se fez na mesma época do auge da lavoura cafeeira no Vale do Paraíba do Sul (RJ e SP) e no Planalto Paulista, região que, no entanto, foi preterida por esses nordestinos dos sertões por ser uma região de trabalho escravo.

Insistimos nesse profundo sentido de liberdade entre esses camponeses amazônidas originários do semiárido nordestino que vão se encontrar com o sentido de liberdade próprio dos camponeses etnicamente diferenciados, seja os de origem indígenas, seja os de origem nos mocambos, embora não seja exatamente a liberdade o que esses migrantes nordestinos encontraram nos seringais, já que experimentaram altos níveis de exploração de seu trabalho naquelas plagas. O grau de exploração era tal que se dizia que o único crime que se comete na Amazônia, durante a exploração da borracha nos seringais acreanos, por exemplo, era não voltar de lá rico. E era uma riqueza amaldiçoada, como no Nordeste se tratava os que retornavam ricos da Amazônia, conhecidos como paroaras. Havia até uma ilha, junto à foz do rio Purus, conhecida como ilha da Consciência; onde era recomendado que, quando se subisse o rio, ali se deixasse a consciência, para que quando voltasse não se lembrasse dos crimes que lá em cima haviam cometido, conforme nos conta o ensaísta amazonense Samuel Benchimol (1966).

A saga dos seringueiros na Amazônia ocidental marcará a geografia do Brasil ao afirmar a soberania territorial sobre o Acre, única porção territorial do Brasil que não é uma herança portuguesa, mas sim feita por esses brasileiros. É estranho que se discuta o tema da soberania no Brasil ignorando-se o protagonismo desses camponeses da floresta, os seringueiros. E para que se tenha uma ideia da atualidade dessa memória incorporada, objetivada (*habitus*), registremos que os camponeses da floresta nos anos 1970, quando estavam sendo expulsos pela invasão do que chamavam "paulistas" com a pata do boi das fazendas de gado, reinventaram-se como seringueiros, identidade que sacaram da memória histórica, afirmando que foram os seringueiros que conquistaram o Acre para o Brasil e, com seus *empates*, afirmavam que não ia ser "paulista" nenhum que os tiraria dali, conforme depoimento recolhido por *O Varadouro, um jornal das selvas* (Porto-Gonçalves, 1998).

Observe-se que, nos anos 1970, os camponeses que se reinventavam como seringueiros só cortavam seringa durante 20 a 30 dias por ano, atividade que estava longe de ser sua atividade principal. Assim, a identidade seringueira é inspirada na memória histórica de conquista do Acre e, por isso, resiste com seus *empates*. Esses mesmos camponeses da floresta vão, ainda, reivindicar-se como heróis nacionais por seu papel como soldados da borracha durante a Segunda Guerra Mundial. Diga-se de passagem que foi ali, nos seringais, que se deu o reconhecimento, pela primeira vez no Brasil, dos direitos trabalhistas aos trabalhadores rurais, os seringueiros.

Ainda aqui, entre esses seringueiros, a matriz indígena se fará presente com toda força na formação amazônica dos que vieram do semiárido nordestino. Afinal, com a derrocada dos seringais devido ao deslocamento dos principais centros de produção para as colônias europeias da Ásia nos anos 1910-1920, muitos seringais foram abandonados pelos ricos seringalistas, que foram desfrutar a riqueza obtida com a exploração dos seringueiros em Belém, em Manaus, em Fortaleza ou na capital federal de então, o Rio de Janeiro. À época do auge da exploração da goma elástica, os seringueiros eram proibidos de plantar o que quer que fosse para dedicarem todo seu tempo à extração do látex. Assim, tinham que comprar tudo nos barracões dos patrões, que alcançavam ganhos extraordinários, inclusive roubando nas contas das cadernetas onde constavam tudo que consumiam e o que produziam.

Com a decadência dos seringais a partir de 1912-1920, e o abandono de muitos deles pelos patrões, não havia o que vender e o que comprar. E, pior, seu produto, a borracha, não era sequer comestível. Além disso, o ciclo da borracha só visava dinheiro, e registre-se que, em 1910, a sua contribuição para as exportações brasileiras rivalizava com o café com cerca de 40% do total nacional exportado! Mas atenção! No censo demográfico realizado no Acre, em 1907, registravam-se 75% de homens e 25% de mulheres, o que indica que não era exatamente uma sociedade que ali se queria plasmar com o ciclo da borracha. Era um negócio e, com a decadência e desestruturação da exploração empresarial nos seringais, coube aos seringueiros se reinventarem nas circunstâncias.

Os índios, que eram perseguidos nas correrias durante a expansão/invasão do ciclo da borracha, nesse momento, com a derrocada dos seringais-empresa, se tornavam fonte de informação, e suas mulheres se tornaram parceiras e esposas, embora muitas delas roubadas, como registra a triste expressão "pega a dente de cachorro". Antes, os seringueiros viviam isolados nas suas colocações, e nas suas contas registram-se até mesmo o pagamento de prostitutas que os patrões intermediavam. São os seringueiros, como camponeses que se reinventaram na floresta, que irão criar uma sociedade digna desse nome no Acre, buscando entre os indígenas as mulheres com quem muitos haveriam de se casar e constituir família e, assim, reproduzirem-se, formando uma sociedade.

E, ainda, depois da queda do ciclo da borracha, vão plantar junto às suas colocações e, no vale do Acre-Purus, inclusive ao longo do rio Xapuri, vão se constituir como seringueiros autônomos, sem patrões, para o que muito contribuiu a concentração de castanhas-do-pará, que lhes permitia sobreviver durante o período das chuvas, quando não se pode cortar seringa. Afinal, um longo período sem nenhuma fonte financeira tornava os seringueiros dependentes de quem os financiasse e, assim, pelas dívidas, mantinham-se sob controle dos patrões, dos marreteiros e dos regatões, como ocorreu ao longo do vale do rio Juruá, onde os seringueiros continuaram pagando "renda" aos patrões até os anos 1970 e 1980.

A aproximação entre seringueiros e indígenas foi fundamental para que aqueles nordestinos do semiárido, recém-chegados à Amazônia, aprendessem a conviver com a floresta, saber o que podia e o que não se podia comer, como se curar de enfermidades. E, mais uma vez, a riqueza da floresta e do saber-fazer a ela associado dos povos que ali habitam milenarmente serão fundamentais para garantir autonomia a esse novo grupo social que se forjava com mais esse encontro virtuoso de culturas.

São esses seringueiros autônomos que vão ensejar as glórias da *r-existência* contra os "paulistas" dos anos 1970 em diante, e que nos darão lideranças respeitadas como Chico Mendes, Ivair Higino, Wilson Pinheiro, Raimundo Mendes, Dercy Teles e Osmarino Amancio Rodrigues, entre muitos.

Eles serão responsáveis pela criação de uma inovadora unidade territorial, a Reserva Extrativista, como unidade de conservação ambiental que inaugura um novo paradigma de convivência entre os povos e outras formas de vida, entre os povos e a floresta. Deve-se registrar a contribuição de geógrafos, antropólogos, juristas, agrônomos e outras formações acadêmicas na criação das Reservas Extrativistas. Mas deve-se registrar, sobretudo, a relação dialógica que esses profissionais souberam praticar dando forma conceitual e formal à insistência do que os seringueiros diziam que não queriam, ou seja, não ao "quadrado burro", nem tampouco à "rondonização do Acre", conceitos por eles criados no tenso contexto conflitivo que viveram. Aqui, mais um encontro virtuoso, nesse caso, entre intelectuais formais e intelectuais do movimento. Desse encontro surgiu esse novo paradigma de convivência entre povos e culturas com a vida em suas diversas formas de existência de florestas, savanas, rios, caatingas, manguezais etc.

O próprio uso do conceito de Reserva diz de sua inspiração nos territórios indígenas, ao mesmo tempo em que oferecem um sentido diferente para o extrativismo. Com esse conceito, recusam o produtivismo e, assim, denunciam o antropocentrismo implicado no produtivismo. Sabem que vivem de algo que não são produtores, os frutos da floresta e que, para viverem dela, têm que respeitar seus ciclos metabólicos de reprodução da vida. Isso implica muito conhecimento e diálogo com as condições de produção-reprodução da vida.

Ailton Krenak, novamente, oferece-nos uma boa síntese do encontro entre os seringueiros e os indígenas:

> O povo que mais se aproximou, que mais aprendeu com o povo indígena nesse sentido foram os seringueiros. Os seringueiros que foram levados para a Amazônia, para ocupar a Amazônia, eles foram inicialmente estranhando o povo indígena, brigando com o povo indígena, e se prestaram em muitas ocasiões ao serviço do seringalista, dos patrões, para liberar áreas indígenas e submeter tribos indígenas à escravidão. Esses seringueiros, eles não conseguiram se firmar como colonizadores da Amazônia, eles foram humanizados pela floresta, a floresta humanizou essa gente, eles aprenderam a viver com o povo indígena, aprenderam hábitos, aprenderam costumes com o povo indígena, aprenderam a conviver com o povo indígena durante um longo período. E hoje nós podemos dizer que os seringueiros têm uma cultura que diferencia eles, por exemplo, dos trabalhadores rurais sem-terra, que diferencia eles de outros colonos. Eles não são colonos, eles construíram um jeito de viver que aproxima eles muito mais do povo indígena. (Krenak, 2015, p. 53)

O encontro virtuoso de culturas diferentes na formação das campesinidades amazônicas, onde o elemento indígena sempre é um dos lados, ainda se verá ao longo dos anos 1980, com a chegada de migrantes oriundos sobretudo do sul do Brasil no eixo da BR 364, em Rondônia. Ali foram criados uma sucessão de projetos de assentamentos oficiais, desenhados com base no "quadrado burro" e sem infraestrutura. "quadrado burro" é um belo exemplo de um conceito que emana da prática, no caso, criado entre seringueiros para designar o modo como o Incra dividia as terras dos assentamentos oficiais em lotes que não respeitavam as condições ecogeográficas. Eram quadrados geometricamente perfeitos e, como tais, ignoravam as condições necessárias para a produção/reprodução da vida. Uns tinham água e outros não, já que a geometria não obedecia a geografia. Como não podia deixar de ser, os assentados não conseguiam se manter, pois além do "quadrado burro" nenhuma infraestrutura lhes era proporcionada. Assim, abandonavam os lotes que iam sendo ocupados por fazendeiros que, desse modo, expandiam suas fazendas de gado. Como se dizia à época, os assentados "amansavam a terra" para o avanço da pata do boi protagonizado pelos fazendeiros "´paulistas" contra a floresta e seus povos. A esse processo, os camponeses acreanos da floresta disseram não com um outro conceito da prática, pois não queriam a "rondonização do Acre".

Não davam condições aos assentados de se manterem e, assim, marcados pelo insucesso, alimentavam a criação de um novo assentamento espontâneo mais adiante e, desse modo, fazendo avançar o *front* contra os povos originários e os camponeses remanescentes do ciclo da borracha. Já no município de Porto Velho, em Nova Califórnia, um distrito de jurisdição não bem definida naquele então, desenvolver-se-ia mais um desses encontros de culturas camponesas que se fecundam. Trata-se do que ficaria conhecido como

Projeto Reflorestamento Econômico Consorciado e Adensado (Reca). Abandonados à sua própria sorte, os assentados, a maioria originária do sul do Brasil, mal-acostumados a derrubarem a floresta e, com a terra nua, fazerem suas plantações, viram o solo desnudo logo, logo perder a fertilidade pelas chuvas intensas.

Embora tenham recorrido aos governos do Acre e de Rondônia, por ficar na fronteira, viram ambos declinarem de suas responsabilidades, cada um remetendo ao outro, dizendo não ser área de sua jurisdição. Registremos, *en passant*, que a jurisdição era uma mera desculpa para não atender a assentados arruinados. Esse fato os obrigou a buscar uma opção própria, sendo que a mais importante delas foi perder a visão colonial que costuma acompanhar os migrantes do sul quando chegam na Amazônia (ou no Nordeste). Esses assentados puderam se beneficiar dos métodos de educação popular inspirados em Paulo Freire, que vicejavam entre os que lutavam pela terra e foram buscar informações junto aos caboclos, os camponeses etnicamente diferenciados que ali viviam. Os assentados encontraram apoio junto ao bispo de Rio Branco no Acre, dom Moacyr Grechi, ele mesmo de origem catarinense e que já tinha experiência junto aos camponeses seringueiros em luta. Dom Moacyr era bispo desde 1972 e, em 1976, participou da fundação da CPT, entidade da qual foi o primeiro secretário. Em vez de botar a floresta no chão, se deixaram levar pela orientação cabocla que mergulha na tradição milenar indígena, de plantar em meio à floresta. A isso passou-se a chamar Sistemas Agroflorestais (SAFs).

O Reca é um projeto que se afirma, já se vão quase 40 anos de sua existência, e que se desenvolve com gestão comunitária e que sabe desfrutar do aprendizado milenar de viver por meio da enorme produtividade biológica primária da floresta e de sua diversidade. E, longe das monoculturas, produz polpa de cupuaçu, manteiga de cupuaçu, castanha e óleo de castanha, pupunha, palmito beneficiado, polpa e fruto de açaí, a bacaba, a andiroba, a copaíba, o sangue de dragão, a seringa, além de comercializar sementes de pupunha e outras sementes secas e fermentadas. Nos plantios de SAFs do Reca, trabalha-se com mais de 20 diferentes espécies frutíferas, madeireiras e também medicinais. O paradigma de conviver com a "floresta em pé" se mostra sustentável sempre que o acesso à terra e à dignidade dos povos não sejam ameaçados e se respeite esses saberes/fazeres já experimentados há milhares de anos e reinventado nesses encontros interculturais virtuosos desses campesíndios/indigenatos.

No entanto, nem toda experiência recente de migração camponesa para a Amazônia encontrou as condições e o tempo necessário para esses encontros interculturais virtuosos que permitem sua conexão com a complexidade metabólica amazônica, que desconhecem. Parte expressiva desses migrantes, especialmente na Amazônia Oriental, mantém-se entre as periferias urbanas, as agrovilas ao longo da Transamazônica, da Belém-Brasília e das demais estradas estaduais, os garimpos vários da região, com destaque para o de Serra Pelada, como mão de obra barata nas grandes obras da construção de estradas e hidrelétricas (Tucuruí e, mais recentemente, Belo Monte), como peões de trecho sempre disponíveis para trabalhar numa outra grande obra ou na abertura de novas fazendas.

Pode-se dizer que aquele aprendizado acerca do sociometabolismo amazônico que proporcionou encontros virtuosos entre os que chegavam e os grupos/classe sociais que tradicionalmente habitavam a região foi negado aos novos migrantes que chegaram com as estradas, grandes projetos minerários, hidrelétricos e de monoculturas. Como bem disse Paul Little, citado anteriormente, as transformações que em outras regiões duravam décadas e eram internalizadas ao longo de gerações, na Amazônia, com os megaprojetos, ocorrem no lapso de poucos anos, em processos violentamente velozes (Little, 2013).

Surgem, nesse contexto, novos movimentos sindicais e sociais na região, muitos deles como desdobramentos de movimentos nacionais, cujas identidades reúnem os grupos/classes sociais em situação de subalternização/opressão/exploração e trazem as marcas do opressor: são sem-terras, atingidos pela mineração, atingidos pelas barragens, atingidos pela Vale, o que demonstra a violência do opressor/dominador a tal ponto que marca com seu nome a identidade do oprimido/explorado/subalternizado.

Em meio a todo esse complexo de violência e devastação, mas também de uma intensa luta pela terra, um novo campesinato começa a se formar na fronteira amazônica, vivendo as tensões e contradições de se movimentarem entre o desconhecimento da complexidade sociometabólica amazônica, as marcas do opressor, inclusive no "quadrado burro" das formas de distribuir e limitar o uso da terra e as possibilidades de diálogo com os povos indígenas e outros movimentos que conformaram as diversas campesinidades amazônicas. Reconhecem que suas lutas contemporâneas herdam uma longa história de luta camponesa regional, como a Cabanagem – uma das maiores epopeias das lutas camponesas do Brasil –, mas também que são herdeiras da formação de campesinidades amazônidas que foram sendo forjadas em encontros interculturais virtuosos, possibilitando conviver com a elevada produtividade biológica primária da floresta que lhes proporcionava vida em profusão, como frutos e resinas, madeiras várias, remédios.

Diga-se, de passagem, que essa elevada produtividade de biomassa por hectare está relacionada com a diversidade biológica que nos dá o que alguns biólogos chamam de autopoiesis (Maturana e Varela) e outros, de neguentropia (Leff). Com isso, vida em liberdade, autonomia que se traduz na própria identidade política, como no caso da organização da luta contra a mineração cujos sujeitos, de atingidos, passam a se reconhecer como um Movimento pela Soberania Popular Frente à Mineração (MAM).

A região do sul e sudeste do Pará talvez seja paradigmática para entender a formação dessa campesinidade migrante que vai se reinventando, da luta pela terra à luta pelo território. Múltiplas culturas políticas se encontram no encontro dos migrantes: a igreja que se ressignifica na Amazônia pela sua vertente da Teologia da Libertação, por meio das Comunidades Eclesiais de Base (CEBs) e da Comissão Pastoral da Terra (CPT), toda a tradição da educação popular expressa no Movimento de Educação de Base (MEB) e depois no Movimento Nacional pela Educação do Campo, uma tradição da luta pela terra por meio dos movimentos dos posseiros, dos Sindicatos de Trabalhadores Rurais (STRs), da Confederação Nacional dos Trabalhadores na Agricultura (Contag), à qual se somam o Movimento dos Trabalhadores Rurais Sem Terra (MST) e outras entidades e federações. Esse encontro gerou uma força política que tensionou o latifúndio, transformando essa região que era mais conhecida pelas pessoas que nela morrem do que pelas que nela vivem, uma vez que esses camponeses enfrentaram as engrenagens de morte do latifúndio regional que ceifou muitas vidas.

Como afirma Charles Trocate, liderança do MST e do MAM com atuação desde o sudeste paraense, em apresentação ao livro *Ideias para o pensamento político da Via Campesina na Amazônia*, os movimentos sociais que se integram a esta organização precisam estar atentos às chaves interpretativas que permitam (re)elaborar e (re)interpretar o lugar político da luta amazônica, alcançando uma formulação verdadeiramente amazônica da agenda política desses movimentos sociais com atuação nacional. Uma agenda política que, no enfrentamento da voracidade da espoliação, alcança uma densidade radical de *r-existência*.

> Desde a tática do empate e das inúmeras formas de luta construída pelos seringueiros sobre a animação do Chico Mendes, das lutas indígenas fulguradas na índia Tuíra em Belo Monte e das lutas pela terra dos posseiros da fronteira e dos camponeses sem-terra, dos atingidos por barragens e pelo monopólio mineral da Empresa Vale, dos garimpeiros de Serra Pelada e de tantas resistências anônimas, da luta dos repatriados em cidades espontâneas surgidas nas últimas décadas e em mutação constante, nos faz observar, aos Amazônidas, que a luta social sempre teve e tem caráter multifacetado, de volume e densidade radical e, o que mais importa, fonte de criações possuidoras de novos ritmos históricos. (Trocate, 2014, p. 12)

Foi o luto transformado em luta que forjou uma força política capaz de produzir 443 ocupações de terras só no sudeste do Pará, entre 1988 e 2015, que resultaram na criação, no mesmo período, de 485 assentamentos rurais, num total de 501 registrados até 2016, totalizando uma área de 297.344,257 km². As lutas sociais no campo tensionam a concentração fundiária e conquistam vitórias importantes. E essas terras conquistadas, que logo se tornam territórios em disputa num contexto entrecortado pelo agro-minero-hidro-bio-carbono-negócio, começam a ser transformadas, ao longo de gerações, em territórios de vida. Os intercâmbios entre esse campesinato migrante, forças críticas dentro da universidade, movimentos de educação popular e educação do campo, além do encontro com os saberes de múltiplos povos indígenas, fez emergir múltiplas experiências de reinvenção de áreas extremamente desmatadas e degradadas em espaços de produção da vida em abundância, quando se encontram as memórias bioculturais indígena e camponesa.

Nesse caleidoscópio de experiências desses novos movimentos que povoam a Amazônia, uma prática vem ganhando destaque: a da agroecologia. E, com ela, toda a experiência milenar e secular de convivência com a enorme produtividade biológica primária por hectare ganha um novo sentido trazido pelos novos migrantes que portam conhecimentos vários. Novos intercâmbios começam a surgir com as feiras em que essas campesinidades comercializam seus produtos nas cidades, nas periferias urbanas. Pouco a pouco se criam as condições de convivência com um metabolismo riquíssimo de reprodução da vida, como são as Amazônias que, a princípio, lhes havia sido negado pela enorme violência, conflito e devastação do que chamam modelo de desenvolvimento que, para essas populações, bem merece o epíteto de drama do *des-envolvimento,* e não modelo. Enfim, outros horizontes de sentido emergem entre esses grupos/classes sociais em situação de subalternização/opressão/exploração. Não é possível ignorar a história-geografia desses povos/classes sociais em luta por afirmar a vida e a dignidade para o que necessitam das condições materiais de reprodução da vida, enfim, e que exigem o reconhecimento de suas territorialidades que são as formas de emprestar sentido à vida em seus territórios.

## UM PARADIGMA ESTRUTURALMENTE EMANCIPATÓRIO: AUTONOMIA TERRITORIAL E DIVERSIDADE SOCIOBIOCULTURAL NA AMAZÔNIA

Como discutido no terceiro capítulo, apesar da institucionalização da preocupação ambiental e sua subordinação a um neoliberalismo ecológico e uma geopolítica da biodiversidade e dos serviços ecossistêmicos, uma força política fundamental que, historicamente, fez emergir a questão ambiental, esteve ligada a uma série de lutas populares anticapitalistas. Registre-se que os anos 1960 marcam a emergência dos movimentos das mulheres, dos indígenas, dos negros, dos ecologistas (anticonsumismo e pacifismo) que se juntavam aos movimentos dos trabalhadores. Estes também apresentavam novos horizontes com a crítica ao estatismo e às rígidas e hierárquicas estruturas partidárias e sindicais que marcavam as experiências de esquerda. Enfim, lutas contra as estruturas que se configuravam como verdadeiros pilares do sistema mundo capitalista moderno colonial, como o racismo, o patriarcalismo, a dominação da natureza (F. Bacon) e a exploração do trabalho ganhavam as ruas com os velhos e novos movimentos sociais e populares. Não se tratava mais somente de uma crise do capitalismo que, todavia, se faz presente, mas também de uma crise multidimensional, civilizatória e de larga duração. As marcas e dores da colonialidade, constitutiva da modernidade capitalista, faziam eclodir distintas mobilizações.

Foi nesse contexto de crise civilizatória e disputas pela politização da vida com o debate acerca da relação sociedade-natureza que a Amazônia ganharia novos sentidos. A defesa da preservação da floresta, de início, se manteve numa perspectiva *eeuu*rocêntrica que seria desconfiadamente recebida entre os povos da floresta, como expressaram alguns de seus principais líderes, como Chico Mendes. Afinal, o ecologismo de então defendia a floresta ignorando seus povos. Desde os anos 1970 que os seringueiros, com seus *empates*, impediam que a floresta fosse posta abaixo com o avanço da pata do boi. A Aliança dos Povos da Floresta deu forma política organizada a uma tradição sociocultural inscrita no metabolismo da floresta com os encontros virtuosos dos diferentes povos indígenas com outros povos e culturas que plasmaram os camponeses caboclos ribeirinhos (os cabanos), os quilombolas, os seringueiros e os sulistas acaboclizados em Rondônia (Projeto Reca).

A Aliança dos Povos da Floresta esteve entre os principais grupos sociais que protagonizaram a emergência de um paradigma que não apenas rompeu com o paradigma baseado nas técnicas de artificialização da floresta e sua transformação no ambiente homogêneo do agronegócio ou da mineração vinculado a um padrão fordista de acumulação, como negaram, em sua origem, outro paradigma que, mesmo defendendo a "floresta em pé", desconsiderava o protagonismo dos povos da floresta ao pautar-se em uma tecnociência complexa, mas subordinada aos interesses da acumulação flexível comandada pelas grandes corporações mundiais. A Aliança dos Povos da Floresta apresentou ao mundo um outro paradigma em que a *techné* – como base de uma produção repetitiva – dá lugar a *poiesis* – base de uma produção criativa e não dissociada de quem usa e produz a floresta, portanto não alienadora –, levando não a uma artificialização da floresta, mesmo que complexa, mas a uma coexistência *co-evolutiva* baseada na diversidade sociobiocultural. Com isso, se contrapõe à referência na acumulação capitalista – seja fordista ou flexível – e toma por base a reprodução da vida, referência maior das sociedades indígenas e camponesas.

Com suas lutas e alianças, nos *empates*, nas Reservas Extrativistas, nos assentamentos agroextrativistas, mas também pela politização dos conhecimentos tradicionais (Almeida, 2008), os amazônidas demonstraram que os paradigmas não caem dos céus, mas sempre são instituídos por grupos sociais ao longo da história por meio de tensões e conflitos. São eles que vão criar as condições para que o debate sobre a floresta tenha outras perspectivas, ensejando o que seria posteriormente chamado de ecologismo popular. A palavra de ordem dos seringueiros em seu encontro histórico quando fundaram em Brasília, em 1984, o Conselho Nacional dos Seringueiros (CNS) foi: "Na

Floresta tem gente". Assim, os paradigmas *eeuu*rocêntricos passavam a ser publicamente contestados e todo um vasto conhecimento passava a se expressar publicamente, inclusive uma produção científica que já praticava o diálogo de saberes e que era secundarizada.

A força política desse paradigma da *co-evolução* da reprodução da diversidade sociobiocultural, mesmo que, a princípio, em aliança contraditória com as forças que representam o paradigma biotecnológico flexível, levou a um amplo processo de demarcação e titulação de terras pleiteadas por povos e comunidades tradicionais e possibilidades de construção de novas territorialidades emancipatórias. Acselrad (2012) vê nessa 'virada territorial' a emergência de novos grupos/classes sociais nas disputas territoriais que, por meio da politização de sua vida cotidiana e suas formas de uso da terra, levou-os a reivindicar a demarcação do espaço com base na distinção de sua cultura material, criando uma relação entre identidade social e identidade territorial. Neste período, também ocorreu um significativo processo de apropriação e reconhecimento de terras de posseiros e camponeses sem-terra na forma de assentamentos rurais vinculados ao Programa Nacional de Reforma Agrária. Esse cenário, portanto, indica uma ampla territorialização das lutas sociais na Amazônia, uma vez que uma parte significativa do reconhecimento e/ou desapropriação dessas áreas se deu provocada pela luta social, e não por iniciativa de um planejamento estatal.

**Mapa 4: A Geo-grafia das lutas por terra e território na Amazônia**

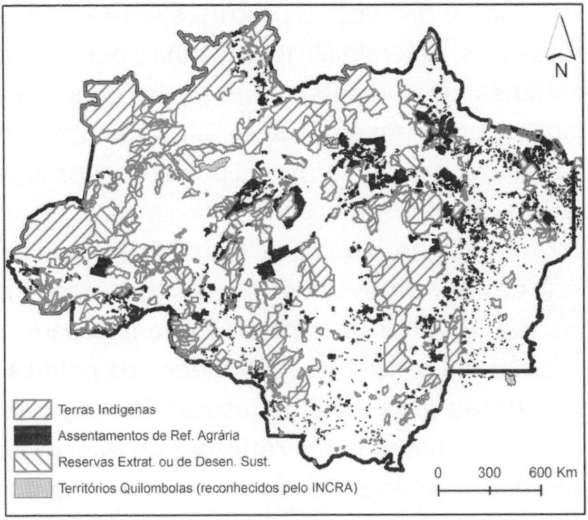


Fonte: Elaboração dos autores a partir de dados de INCRA (s/d), FUNAI (s/d), ICMBio (2019)

Acserald (2012, p. 22) mobiliza diversos autores que sugerem que a "virada territorial" apoiada em mudanças legislativas de países da América Latina e órgãos internacionais, como o próprio Banco Mundial, pode significar uma tentativa de estabilização dos regimes de propriedade, delimitação do espaço ocupado pelo ativismo de direitos por meio de políticas de contenção e fortalecimento dos sujeitos hegemônicos como definidores do espaço e, portanto, limitada no seu caráter emancipatório. Nessa perspectiva, é possível que nas áreas reconhecidas se desdobrem processos e "planos de gestão territorial' marcados pela agenda das instituições multilaterais" (p. 25) e pelos interesses de valorização do capital em áreas de alta biodiversidade e presença de recursos naturais. Apesar desses riscos, Acserald (2010) sublinha a possibilidade, simultânea, de que nessas lutas por reconhecimento também pode estar em jogo a politização dos territórios e da apropriação territorial pelos próprios sujeitos coletivos que o reivindicam.

Essa politização, para Valter Cruz (2013), com a emergência desses novos/velhos protagonistas, ocorre pela afirmação de direitos territoriais que implicam "novas formas de conceituação do poder, da política, da emancipação e da ideia de justiça" (p. 136) que levam o autor, baseado em reflexões de Nancy Fraser, a observar a emergência de um campo conceitual e político mais abrangente. Este, em vez de confrontar uma redistribuição economicista e um reconhecimento culturalista como paradigmas antagônicos ou hierarquizáveis, leva a uma inter-relação de ambos ancorados em uma perspectiva mais ampla de justiça, emancipação e democratização das relações de poder. Nesse quadro, o conceito de território ganha centralidade tanto como categoria de análise como categoria da práxis, convertendo-se em uma espécie de condensador de direitos (Cruz, 2013).

Em busca de identificar características comuns nesses diferentes movimentos sociais de luta pela terra e território, apesar de sua diversidade de origens e pluralidade de sujeitos coletivos, Cruz (2013, p. 126-129) elenca: 1) politização da cultura e afirmação de múltiplas identidades culturais e sociopolíticas ligadas à afirmação da noção de comunidade; 2) construção de agenda de lutas simultâneas pela redistribuição de recursos materiais e reconhecimento das diferenças; 3) busca de maior autonomia política e econômica, tanto por meio de formas alternativas de produção e comercialização quanto na relação com o Estado e sociedade civil; 4) busca de uma desmercantilização das relações sociais, valorizando aspectos simbólicos do território; e 5) formação de seus próprios intelectuais a partir de projetos educacionais.

As lutas por território protagonizadas por povos e comunidades da Amazônia politizam-se quando saltam escalas e passam a disputar os horizontes de sentido para a região, o país e o mundo. Desde suas especificidades amazônicas, considerando a conformação da região como parte do sistema-mundo moderno colonial e sua complexidade sociometabólica, somam-se e complexificam os processos mais gerais das lutas camponesas no Brasil que, conforme indicação da coleção *História social do campesinato* (Oliveira et al., 2009), atuam em duas grandes dimensões. São elas: 1) explicitando e denunciando a dependência do capital no Brasil em relação à propriedade fundiária, expondo seu caráter patrimonialista e rentista; 2) construindo estratégias variadas e, muitas vezes, pouco perceptíveis, de resistência, garantindo sua reprodução mesmo em condições adversas; 3) re-criando formas específicas. Desse modo, são *re-criadas* formas específicas de produzir, usar a terra e se relacionar com a natureza, mas também de produzir comunidades e relações socioculturais que apontam caminhos emancipatórios para a superação da crise civilizatória em curso.

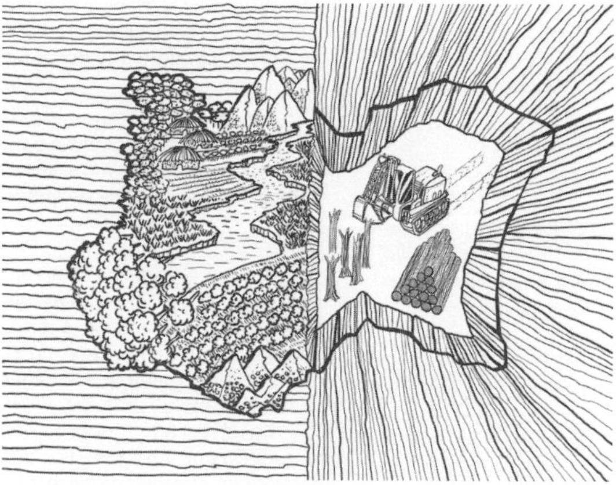

# IDEIAS AMAZÔNICAS PARA UM DIÁLOGO COM O MUNDO

No começo pensei que estivesse lutando para salvar seringueiras, depois pensei que estava lutando para salvar a Floresta Amazônica. Agora, percebo que estou lutando pela humanidade.

*Chico Mendes, seringueiro, sindicalista, militante da reforma agrária e da floresta em pé e com gente protagonizando seu destino. Assassinado em 22 de dezembro de 1988.*

Essas árvores que tem na Amazônia
são as minhas irmãs.
Eu sou filho da floresta. Eu vivo delas, dependo delas, faço parte delas. Quando eu vejo uma árvore dessa em cima de um caminhão, indo para a serraria, me dá uma dor. É o mesmo que eu tá vendo um cortejo fúnebre levando o ente mais querido que você tem. Por quê? É vida. É vida pra mim que vivo na floresta, mas é vida também para todos vocês...

*José Cláudio Ribeiro, Conselho Nacional das Populações Extrativistas e Líder do Projeto Agroextrativista Praialta-Piranheira em Nova Ipixuna-PA. Assassinado junto à sua esposa Maria do Espírito Santo, também líder do Projeto Agroextrativista em 24 de maio de 2011.*

O ESFORÇO ANALÍTICO CONSTRUÍDO NESTE LIVRO, QUE INTEGROU três intelectuais em movimento, com trajetórias/formações/experiências em distintas Amazônias, pretendeu construir um balanço crítico dos processos de avanço/invasão capitalista na região, mas também dialogar com o legado teórico e político que os amazônidas oferecem para o Brasil e para o mundo. Mais do que avançar em termos teóricos ou criar novas interpretações/narrativas sobre a Amazônia, quisemos, em realidade, restituir ao centro do debate sobre o mundo as perspectivas de mundo dos povos amazônicos para fazer com que cada argumento discutido se desgrudasse dessas páginas para ter um sentido concreto para aqueles que compartilham do mesmo compromisso dos autores com os muitos horizontes que os amazônidas oferecem a todos nós.

A Amazônia esteve associada à constituição do sistema-mundo moderno-colonial desde o início, cujas marcas estão na sua geo-grafia ainda hoje. Inicialmente, com a presença da invasão europeia, com cinco potências coloniais: Inglaterra, Holanda, França, Espanha e Portugal. Posteriormente, por corporações transnacionais que disputam contemporaneamente sua exploração, com base no paradigma fordista fossilista ou com base no paradigma biotecnológico flexível. Entretanto, os saberes/fazeres de seus povos foram relegados, pela geopolítica do conhecimento, à condição de saberes localizados, regionalizados e sem implicações mais amplas. A colonização, com sua geopolítica do conhecimento, com sua colonialidade, nos fez aprender com saberes forjados longe da vida, longe dos nossos corpos, da nossa magia, dos nossos espíritos, dos nossos territórios.

Assim, aprendemos a ver modernidade em grandes construções que violam nossa socio-bio-diversidade, aprendemos a ver progresso no extermínio de nossa pluralidade étnica, tiramos dos rios seus encantados para colocarmos barragens, tiramos da mata seus espíritos para vender madeira ou plantar pasto, soja, milho... escolhemos não ouvir os saberes responsáveis por um dos mais importantes legados deixados para a humanidade por humanos: a Amazônia.

Trabalhamos nesse livro em diálogo íntimo com aqueles que, sendo de dentro, estão fora da racionalidade colonial que ignora ou subestima os saberes dos amazônidas e, assim, com base na interculturalidade, dialogamos em igualdade de condições com o pensamento *eeuu*rocêntrico que nos atravessa. A surdez em relação a esses saberes/fazeres que estruturou os sentidos de dominação empreendidos pela Coroa, e depois pelo império português, persistiu nas escolhas daquilo que se vai inventar como Brasil. As terras indígenas, os territórios quilombolas, os territórios das quebradeiras de coco babaçu, os territórios dos assentamentos de reforma agrária, os territórios dos pescadores, dos ribeirinhos e de tantos outros grupos/classes sociais na Amazônia sempre estiveram nos projetos políticos nacionais, concebidos à esquerda e à direita, ou como entraves que precisariam/precisam ser destruídos, ou como lugares distantes que poderiam/podem até existir se saírem dos caminhos do capital ou se subordinarem a ele ou ao desenvolvimento das forças produtivas, outra forma de dizer o mesmo.

Nas trilhas de uma longa duração histórica de desperdício e negligência com saberes comprometidos com a vida, chegamos a uma encruzilhada em que, independente do espectro ideológico, a Amazônia só consegue ser pensada como uma zona de sacrifício para a roda da economia nacional girar pela exportação de *commodities.* Distintos espectros ideológicos sucumbiram ao *superavit* provindo das exportações de bens primários e transformaram a Amazônia em um quintal de experimentação de um capitalismo autoritário que destampou personagens saídos dos piores bueiros de nossa história. A escolha pelas *commodities*, atrelada à ilusão de que a tecnologia é capaz de produzir uma economia sem limites, não apenas degradou ecossistemas, tirando-lhes a fertilidade, mas também ceifou a fertilidade do pensamento crítico que influenciou distintos projetos políticos para o Brasil, demonstrando que a chamada modernização da agricultura não apenas gera pilhagem, dominação do território, violência e devastação, mas também, como nos lembram Vitor Toledo e Narciso Barrera-Bassols (2015), gera uma amnésia biocultural, ou seja, o sepultamento dos saberes comprometidos com a vida para se pensar a vida.

Nesses termos, a sujeição política de parte da esquerda brasileira a um projeto de conciliação com distintas frações da burguesia que se nutrem historicamente do rentismo (dos bancos, das fazendas, das minas, do carbono, da milícia etc.), ou seja, a sujeição ao agro-minero-hidro-bio-carbono-negócio, diluiu qualquer possibilidade dos saberes/fazeres dos amazônidas figurarem em programas políticos de caráter nacional. Talvez a queda do muro de Berlim, o símbolo maior da máxima thatcheriana de que "não há alternativa", explique tal tentativa de conciliação.

A queda do muro, como a principal marca da década de 1990, fez a transição para o século XXI se transformar na entrada em um mundo sem saídas, em que a conciliação com o capital levou a eufemismos como: desenvolvimento sustentável, capitalismo verde, pós-neoliberalismo, neoextrativismo, neodesenvolvimentismo, progressismo, economia do conhecimento, potencial inovador e tantos e tantos outros. Essa leitura de parte da esquerda não percebeu que a década de 1990 também foi marcada por grandes mobilizações populares na América Latina, que deslegitimaram as políticas de caráter neoliberal rentista que imperaram no período.

De certa forma, a crise das esquerdas atingidas pela queda do muro proporcionou, ao mesmo tempo, a emergência de outros grupos sociais, como os povos e nacionalidades indígenas, camponeses de várias formações (seringueiros, quebradeiras de coco babaçu, pescadores etc), sem-terras, quilombolas e os trabalhadores das periferias urbanas, grupos até então não devidamente considerados, inclusive pela hegemonia de certo tipo de marxismo no campo das lutas populares. Relembremos o sangrento 27 de fevereiro de 1989, conhecido como Caracazzo, a primeira grande manifestação das periferias urbanas contra as políticas neoliberais que se tem notícia no mundo. Enfim, enquanto o muro caía, as massas populares se levantavam na América Latina; tenhamos isso em conta pelas implicações que têm nas lutas de classes em nosso continente, em que a Amazônia assume um papel fundante, e que nos oferece outros horizontes teórico-políticos.

A consigna da luta "Pela Vida, Pela Dignidade e Pelo Território", que se podia ler nas ruas nas duas grandes marchas de 1990 que partiram da Amazônia em direção a La Paz e a Quito, na Bolívia e no Equador, colocava novos horizontes teórico-políticos que rompiam com o *eeuu*rocentrismo do lema da "Liberdade, Igualdade e Fraternidade", inscrito em uma tradição de onde emanam as direitas e as esquerdas tradicionais, em crise desde então. Não devemos nos recusar ao diálogo com essa tradição que nos trouxe, pelas suas experiências e resistências, tentativas de superar contradições, como nos EEUU, em 1776, como na França, em 1789, ou em 1917, na Rússia.

Para nós, amazônidas, estamos mais próximos, ainda que reivindicando aportes próprios, das Revoluções caribenhas, seja o Haiti, em 1804, ou da Revolução Cubana, em 1959, ou ainda da Revolução Mexicana de 1910, não devidamente consideradas talvez pela sua geografia. Afinal, essas experiências trazem as marcas da ferida colonial que nos constituiu, bem como a força de outros mundos que *r-existiram* à violência colonial e que não podem ser reduzidos e/ou explicados com as mesmas ferramentas teórico-políticas que historicamente os violaram: o pensamento *eeuurocentrado*.

Daí a radicalidade da consigna dessas duas marchas na Bolívia e no Equador, em 1990, insistindo no fato, prenhe de significações epistêmicas e políticas, de terem partido da Amazônia, pelas experiências e saberes/fazeres que instituem essas lutas: "Vida, Dignidade e Território". Vida, não só a vida humana, mas uma comunidade de vida que partilhamos com outras formas de vida; Dignidade, que reivindica a possibilidade de existência de diferentes formas de ser, o reconhecimento que o universo é pluriverso e que a diversidade é um valor ligado à vida para que a vida – biológica e cultural – continue a existir; e Território, que expressa a necessidade de pensar que as diferenças que fundam cada dignidade humana não podem ser pensadas distantes das condições materiais e energias vitais para sua reprodução metabólica. A Amazônia, como região periférica de países periféricos, oferece a partir dos saberes/fazeres de seus grupos/classes sociais, em situação de subalternização/opressão/exploração em luta para superar essa situação, um outro léxico teórico-político: *desde abajo e desde las periferias.*

Esses saberes e fazeres continuam apontando alternativas de outros projetos societários e a necessidade de construção de forças políticas capazes de implementá-los, não descartando o diálogo com outros saberes/fazeres de outros grupos/classes sociais em situação de subalternização e seus repertórios teórico-políticos forjados em outros lugares, regiões, continentes. Afinal, um inimigo comum, o capitalismo, exige essa união, porém sem ignorar que sua presença espoliadora, exploradora, devastadora na Amazônia apresenta-se em processos específicos que são percebidos desde repertórios cognitivos próprios.

É desses repertórios que outros horizontes se anunciam, é a entrada na cena pública dessa diversidade de existências coletivas que pluraliza o mundo e as explicações sobre o mundo, provocando-nos, como nos lembra Escobar (2014), a comprometermos o conhecimento com a vida, revisitando múltiplos saberes que historicamente sustentaram experiências sociais distintas, que foram descartadas pelo pensamento *eeuu*rocêntrico, mas que nos indicam que o mundo se compõe de múltiplas ontologias, tornando, então, o que historicamente foi produzido como exterioridade ou inexistente, uma alternativa válida ao que existe.

Se realmente queremos superar o grave quadro que se nos apresenta, é preciso que saibamos aprender com nossos erros e, de uma vez por todas, reconheçamos que a consciência não vem de fora, como certa esquerda até aqui repetiu *ad nauseam*. E embora reconheçamos que sem teoria revolucionária não haverá nenhuma transformação digna desse nome, é preciso afirmar que é de outras práxis que carecemos, e que práxis não é o contrário de teoria. É teoria que emana com a prática e que, como tal, não pode vir de fora, mas das experiências dos povos/grupos/classes sociais em luta. A crítica ao capitalismo é necessária, mas não suficiente se não incorpora a crítica à colonialidade que sobreviveu ao colonialismo.

Enfim, uma lição: não se constrói um mundo diferente somente fazendo a necessária crítica ao capitalismo, mas sim por meio de outros horizontes de sentido para a vida que, necessariamente, haverá de surgir da cultura de afirmação desses grupos/classes sociais em situação de subalternização/opressão/exploração em suas lutas para superar essa condição. Por isso a crítica ao capitalismo e à colonialidade que emana da *r-existência* dos amazônidas, que juntam resistência à existência. Há que se buscar na existência histórica desses grupos/classes sociais as fontes de inspiração. A crítica ao capitalismo, que Marx tanto inspira, não é suficiente para a construção de uma outra sociedade que sempre haverá de emergir das experiências e das histórias de cada povo, comunidade, classe/grupo social. Enfim, não esperemos de Marx aquilo que ele não nos pode dar e que só pode emergir da cosmopolítica dos grupos/classes sociais em luta.

Não abdiquemos de nossas responsabilidades nos apequenando e nos escondendo atrás de citações. Os grandes revolucionários não se esconderam atrás mesmo dos grandes nomes que os inspiraram: Marx mesmo dissera, em vida, que não era marxista; Lenin não era leninista, assim como Zapata não era zapatista e Fidel Castro não era castrista. Os cabanos amazônidas foram buscar suas fontes de inspiração na floresta, como o angelim de Eduardo Angelim (1814-1882).

Muito se tem dito em defesa da Amazônia, mas algo há de se ter em conta antes de qualquer boa vontade de quem quer que seja: não há perspectiva de futuro para a Amazônia e para o planeta sem considerarmos a sabedoria dos amazônidas. Não falamos de um conhecimento passado, passível de ser destruído ou apropriado como matéria-prima biotecnológica, mas um conhecimento vivo, em movimento e em *co-evolução* que só se manterá se esses povos continuarem existindo em sua diversidade cultural e autonomia territorial.

Afinal, quando falamos que a Amazônia, tal como a concebemos hoje em sua extensão territorial de floresta tropical úmida, formou-se depois que uma ocupação humana ali já habitava desde os tempos em que ali predominavam as savanas, estamos, em realidade, falando de uma floresta tropical cultural úmida, como lhe batizaram D. Posey e W. Balée. A Amazônia como patrimônio biocultural de seus povos, nesses termos, é premissa e horizonte. Premissa, pois qualquer discussão que ignore a coexistência das sociedades e naturezas amazônicas na sua *co(m)form(ação)* (formação pela ação dos povos) é, no mínimo, irresponsável, para não dizer *eeuu*rocentrada. E horizonte, pois nos serve de alerta que sem o padrão de organização do espaço construído pelos amazônidas, a Amazônia realmente pode deixar de existir para o mundo, agravando o colapso metabólico sistêmico que vivemos.

Os horizontes teórico-políticos que a luta dos povos amazônicos nos apresenta, bem sintetizados no tripé Vida, Dignidade e Território, reposicionam nossas referências espaço-temporais, deslocam-nos dos centros de referência a partir dos quais historicamente foram pensados os projetos de desenvolvimento para e não a partir da Amazônia. Reinventam, à sua maneira, um debate sobre outros horizontes de sentido que inspiram outros homens e mulheres. Da experiência de luta desses povos, alguns princípios de reflexão política são indicativos desses outros horizontes possíveis:

1) Se a lógica de expansão/invasão capitalista na Amazônia reproduz uma gramática/práxis da extração/controle/destruição, que respira a subjetividade capitalística do supermercado, relacionando-se com os territórios como quem vai às compras, como bem definiu Ailton Krenak (2019), os povos amazônicos oferecem uma outra gramática/práxis que tem na complementaridade e reciprocidade das sociedades e naturezas sua força de incremento e produção da diversidade territorial, em que o saber/fazer o alimento, a casa, os remédios, os caminhos na floresta é reproduzir comunidades em que a relação com aquilo que convencionamos chamar de natureza é uma relação entre iguais, pois que a vida não se restringe aos humanos;[7]
2) Mais que direitos humanos, se fala de direito à vida, humana e não-humana. Pela perspectiva

de diversos povos indígenas amazônicos, os animais, as plantas, os espíritos carregam um discernimento, uma humanidade, não havendo, portanto, uma relação hierárquica entre o que a nossa sociedade convencionou chamar de humano e não humano, pois a humanidade não se restringe aos humanos e estes não têm nenhum privilégio em relação aos outros seres (Viveiros de Castro, 1996). Sem hierarquia, dialogando com/a partir do antropomorfismo com/contra o antropocentrismo;

3) Em vez de se falar repetidamente em progresso, modernização e desenvolvimento, fala-se em vida em plenitude, *Sumaq Qamaña*, em aimará, *Sumak Kawsay*, em quéchua, ou em *Ñandereko*, o modo de ser e viver Guarani Mbya, ou em *Mejx* dos Xikrin mebêgôkre, o bem *con-viver* desse grupo Kayapó que significa evitar processos de indiferenciação (Gordon, 2014), ou ainda em *Hutukara*, palavra usada pelos xamãs Yanomami para denominar a unidade da existência da terra-floresta. Assim, desloca-se a centralidade da noção de desenvolvimento e suas armadilhas de legitimação da expansão/invasão capitalista para a ideia de Bem Con-Viver;

4) A ideia tradicional de soberania ligada ao Estado e à existência de um povo no singular é pluralizada. Em alguns países da América Latina que, inclusive, integram o bioma ama-

zônico, não se fala somente de Estado-Nação, mas de plurinacionalidade e de Estado Plurinacional, um reconhecimento jurídico da existência de múltiplas nações indígenas convivendo em um Estado colonialmente definido como *mono-nacional*. Assim como a geografia crítica ampliou os sentidos de território para além do Estado-Nacional, também se faz necessário pluralizar os sentidos de soberania, tendo como base a autonomia territorial de grupos/classes sociais construída, por vezes, muito antes de se formar o Estado-Nacional. Comecemos então a falar de soberania dos povos, de seus territórios e de suas concepções de vida;

5) Mais além de uma democracia que permite ao capitalismo se transformar em uma guerra aos povos, em que espoliação e Estado de exceção se combinam, a luta pela vida, dignidade e território dos povos amazônicos demonstra que não há democracia em seu sentido pleno, como governo do povo, pelo povo e para o povo, lembrando a máxima de Abraham Lincoln (1809-1865), sem restituirmos a capacidade decisória desses povos, no plural, sobre seus destinos, sem aprendermos com seus repertórios/práxis de participação, decisão e deliberação, sem, enfim, incorporarmos a diversidade democrática dos mundos amazônicos;

6) Se o direito moderno-colonial se estruturou em torno da ideia de propriedade privada e nunca soube muito bem reconhecer territórios de uso comum, os povos e comunidades amazônidas oferecem, por meio das lutas pelo reconhecimento e redistribuição da terra, muitas vezes com a própria autodemarcação, formas que combinam terras de uso comum com terras que se usa em comum, como as colocações de seringa que se sobrepõem enquanto unidades unifamiliares e áreas comuns ao mesmo tempo. Provocam, portanto, o direito a formular outras formas de apropriação que não privem, como o faz a propriedade privada. Eis a contradição que já se instaura no próprio conceito de propriedade privada: a propriedade privada priva e priva muito mais como latifúndio. E a propriedade privada da terra é mais que sua concentração fundiária em sua dimensão de área: é a privação das condições metabólicas de reprodução da vida (solo-terra-subsolo-água-fauna/flora/fotossíntese), sem as quais nenhuma vida vive a não ser subjugada aos que delas se apropriaram. Afinal, a concentração de terra é concentração de fotossíntese e muitos ficam, assim, sem um lugar ao Sol;
7) Se a noção/ideário de sustentabilidade, incorporada pelo mundo corporativo e utilizada como discurso de adesão para processos de

expropriação do trabalho e da natureza extremamente aviltantes e violentos, ainda pode ter algum sentido digno, com certeza, são os saberes-fazeres dos amazônidas, que se mostram comprovadamente sustentáveis e num tempo de larga duração (mais de 12 mil anos), que lhes oferecem horizontes e significados futuros. Mais do que se falar em biotecnologia para uma economia do conhecimento sustentável comandada pelos interesses das grandes corporações mundiais que historicamente estruturaram os processos de pilhagem de matéria e energia e de extrativismo epistêmico dos povos, é preciso falar no reconhecimento da autonomia das territorialidades e territórios desses grupos/povos/classes. Enfim, ampliar o significado da questão (da reforma) agrária como sustentava Chico Mendes;

8) Para restituir a vida ao centro do debate, não podemos continuar a nutrir a amnésia biocultural que advém dos projetos que acolhem a exportação de *commodities* como o único caminho a seguir, tornando a Amazônia um quintal de experimentação da barbárie capitalista; é necessário que pensemos, como o fazem distintos movimentos camponeses na Amazônia, a agroecologia como um caminho não apenas de soberania alimentar do campo e da cidade, mas como modo de restituir a memória biocultural dos povos amazônicos,

ao centro de qualquer projeto de Brasil que se comprometa com diversidade cosmológica, linguística e territorial deste país forjado pela violência contra seus povos. Esse é o sentido que traz a proposta de reforma agrária integral e popular do MST e da Via Campesina,[8] que nos convida a romper com a ilusão do desenvolvimentismo e da mercantilização das terras e da natureza, ouvindo os territórios e seus povos em busca de agroecologia, soberania alimentar e dignidade;

9) Em um tempo em que boa parte das orientações políticas críticas de nossa esquerda se definem apenas pelo antagonismo aos agentes hegemônicos, as lutas sociais protagonizadas pelos povos amazônicos ampliam o significado político do que significa luta social e orientação política, uma vez que não apenas antagonizam com as forças capitalistas que invadem seus territórios, mas afirmam formas distintas de usar a terra, a floresta, os rios, os mares, as várzeas, os campos, as terras-firmes... distintas territorialidades! Suas lutas carregam, portanto, horizontes próprios construídos por *r-existência* que têm força crítica e política de descolonizar nossos horizontes, até aqui *eeuu*rocentrados, de sentido à vida.

Não há como não ver aqui uma descolonização do pensamento-ação e uma luta teórico-política que se enfrenta com as tradições políticas tradicionais, à direita e à esquerda, ao nos oferecer uma crítica, ao mesmo tempo, ao capitalismo e à colonialidade e, não somente, ao capitalismo.

Os povos amazônicos carregaram o peso violento do sistema-mundo capitalista em seus corpos, em suas histórias e geografias. Mesmo assim esses povos não assumiram a posição de vítimas, pois a intensidade da violência que sofreram revela, também, a força das lutas que travaram e travam. Continuar a existir, *r-existir*, torna-os protagonistas do nosso futuro, por todo passado que carregam no presente, pelas suas memórias bioculturais que nos deram esse imenso legado que é a Amazônia.

Seus saberes/fazeres principiam uma nova agenda política para o Brasil e para o mundo. Por mais de 500 anos, histórias locais *eeuu*rocentradas universalizaram um saber/poder da dominação/destruição que forjaram nossas escolhas políticas e projetos de *des-envolvimento*. Já passou da hora de considerarmos que o léxico teórico e político advindo da luta dos amazônidas carrega saberes/fazeres comprometidos com a vida, prenhes de horizontes emancipatórios ao capitalismo e à colonialidade; o que nos exige colocar no centro de qualquer perspectiva de futuro, para todos nós, as perspectivas de futuro dos povos amazônicos. Afinal, se hoje a humanidade inteira se vê na Amazônia é preciso honrar a dignidade de seus povos que tornam todo esse debate possível. E não deixemos margem a dúvidas: Já Basta! Vida longa à Amazônia e seus povos!

# NOTAS

1 Tatiana Shor (2013, p. 82), repensando as funções e significados de algumas pequenas e médias cidades na Amazônia com relações densas com seus entornos rurais, chega a propor a ideia de cidades de responsabilidade territorial, para pensar realidades urbanas que são importantes conexões entre comunidades, são escolhidas para manifestações de movimentos sociais e onde, também, há sobreposição de vários territórios. Nas palavras da autora, essas cidades "não são simplesmente 'cidades polos' como a literatura tradicionalmente as trata, pois, sua importância vai além da sua dinâmica econômica, elas de fato exercem responsabilidade política, cultural e simbólica".

2 Talvez seja melhor convidar o leitor a considerar o que o mundo andino, por meio dos aymaras/quechuas, designa como *pacha* (de *pachamama*), que significa espaço e tempo ao mesmo tempo. Eles não separam espaço de tempo e, assim, dialogam mais de perto com a física quântica dos cientistas ocidentais. Não ignoremos as profundas relações andino-amazônicas que se interligam com o "máximo controle de pisos ecológicos", tal e como John Murra expressou. Cuzco, por exemplo, é uma cidade andino-amazônica (Murra, 1972).

3 De um lado, o estabelecimento de línguas gerais, que no Estado do Maranhão e Grão-Pará foi a dos Tupinambá, que depois ficou conhecida como Nheengatu, desestruturou boa parte das 1.300 línguas faladas, provenientes de diferentes troncos e famílias linguísticas (Freire, 2014). Por outro lado, a língua geral também foi ressignificada, assim como várias línguas indígenas o foram nos processos de contato. Essas transformações também fazem parte dos processos de r-existência indígena, o que expressa que as línguas gerais também se transformaram em instrumento de intercâmbio interétni-

co, participando de processos de *r-existência*. É sempre bom lembrar que índio/indígena é um conceito colonial. A rigor, não há índios/indígenas e, sim, yanomami, guarani, quéchua, maia, aymara, guajajara, enfim, povos/comunidades/nacionalidades próprias. Dialeticamente, se o termo índio/indígena silenciou essa enorme diversidade de povos/comunidades/nacionalidades, essa mesma expressão colonial vai, hoje, permitir que se juntem como classe, no sentido que lhe atribui Aníbal Quijano: que fiquem classe, que se classifiquem (Quijano, 2009).

4 *Uti possidetis de facto* é um princípio de direito internacional segundo o qual os que de fato ocupam um território possuem direito sobre este. Esse princípio foi largamente usado pela diplomacia brasileira em seus *fronts*/confrontos territoriais. Não deixa de revelar a colonialidade que sobreviveu ao colonialismo, pois o Estado que reivindica esse princípio para afirmar a soberania territorial é o mesmo que, internamente ao Estado, nega esse princípio aos que estão em posse real de uso antes do Estado, como os povos indígenas e outros grupos sociais reconhecidos como comunidades tradicionais.

5 De 1621 a 1751, a unidade administrativa era o Estado do Maranhão e Grão-Pará, com capital em São Luís. Em 1751, a capital se transfere para Belém e o Estado passa a se chamar Grão-Pará e Maranhão, sendo este formado pelas capitanias do Pará e as capitanias subordinadas do Rio Negro, Maranhão e Piauí. Em 1774, Maranhão e Piauí são desmembrados do Estado, que passa a se constituir apenas pelas capitanias do Pará e do Rio Negro (Fonseca, 2017).

6 Segundo Costa (2015), destacam-se os fortes Nossa Senhora da Conceição, Costa Marques/RO (1754), São Gabriel da Cachoeira/AM (1761), a Fortaleza de São José de Macapá/AP (1764), Forte de São Francisco Xavier de Tabatinga/AM (1766); Forte de São Joaquim do Rio Branco, Boa Vista/RR (1775) e o Real Forte Príncipe da Beira, Costa Marques/ RO (1776).

7 O estímulo inicial para esta reflexão são as numerosas referências, na etnografia amazônica, a uma teoria indígena segundo a qual o modo como os humanos veem os animais e outras subjetividades que povoam o universo – deuses, espíritos, mortos, habitantes de outros níveis cósmicos, fenômenos meteorológicos, vegetais, às vezes mesmo objetos e artefatos – é profundamente diferente do modo como esses seres *os* veem e *se* veem [...]. Os animais são gente, ou se veem como

pessoas. Tal concepção está quase sempre associada à ideia de que a forma manifesta de cada espécie é um mero envelope (uma "roupa") a esconder uma forma interna humana, normalmente visível apenas aos olhos da própria espécie ou de certos seres transespecíficos, como os xamãs. Essa forma interna é o espírito do animal: uma intencionalidade ou subjetividade formalmente idêntica à consciência humana, materializável, digamos assim, em um esquema corporal humano oculto sob a máscara animal (Viveiros de Castro 1996, p. 116-117).

8 Um popular que se pluraliza reconhecendo a enorme diversidade abrigada nesse conceito até aqui usado no singular. Afinal, a plurinacionalidade que advém do mundo andino-amazônico, por exemplo, implica romper com o colonialismo interno que viceja em diferentes tradições *eeuu*rocêntricas, muitas que se apresentam como antagônicas entre si, mas ignoram esses mundos outros.

*Negros do Trombetas: guardiões de matas e rios.*

Rosa Elisabeth Acevedo Marin
Edna Maria Ramos de Castro
Editora Cejup, 1999

Este livro é pedra angular na perspectiva de colocar a questão negra no centro da compreensão da Amazônia. Por meio de um estudo antropológico de grande densidade sobre a história social, geográfica, política e cultural das etnias e territorialidades sob ameaça na Amazônia, as autoras demonstram a reinvenção da liberdade de comunidades remanescentes de quilombos, por meio de um modo particular de organização social e uso comum do território, que se tornou a base para o enfrentamento às lógicas do lucro e da competitividade expressas nos padrões privados de apropriação da terra conduzidos pelo Estado e por grandes empreendimentos econômicos.

*Antropologia dos archivos da Amazônia.*

Alfredo Wagner Berno de Almeida

Casa 8/Fundação Universidade do Amazonas, 2008

Este livro tem grande influência na construção das ideias do livro que agora o leitor tem em mãos, não só por se propor a fazer de forma crítica uma interpretação das interpretações da Amazônia, demonstrando os geografismos, biologismos e dualismos que marcam os olhares sobre a região, objetivados em políticas de destruição, mas, sobretudo, por mostrar que não há como pensar uma questão ambiental sem sujeito, sem considerarmos a diversidade de existências coletivas objetivadas em uma variedade de movimentos organizados que pluralizam a Amazônia e, assim, exigem-nos reposicionar ao centro a importância dos conhecimentos concretos de situações concretas, dos saberes tradicionais dos povos amazônicos, que nos tiram da generalidades dos "modelos" de desenvolvimento e nos envolvem na compreensão de que há uma forte imbricação entre biodiversidade e diversidade cultural.

*Formação agropecuária da Amazônia: os desafios do desenvolvimento sustentável*

Francisco de Assis Costa

NAEA, 2012

Esta obra, gestada ao longo dos anos 1990 (teve sua 1ª publicação no ano 2000), acompanhou criticamente a constituição de um 'ecologização conservadora' da questão agrária amazônica que, a partir do reconhecimento dos efeitos destrutivos do projeto industrialista das décadas anteriores, buscou soluções vinculadas a uma perspectiva preservacionista restrita à produção de serviços ambientais e fornecimento de matérias primas para a indústria biotecnológica. Os esforços das pesquisas do autor trazem uma perspectiva histórica e analítica da formação agropecuária da Amazônia, com ênfase na complexidade do Pará. Suas principais contribuições são, em primeiro lugar, evidenciar o fracasso da estruturação agrária da região a partir dos casos de Fordlândia e da pecuária incentivada pela SUDAM. Em segundo lugar, o livro fundamenta uma perspectiva de que não há soluções possíveis para superar essa destruição sem o reconhecimento da diversidade estrutural que caracteriza a Amazônia.

*O nascimento do Brasil e outros ensaios: "pacificação", regime tutelar e formação da alteridade.*

João Pacheco de Oliveira

Contra Capa, 2016.

Outra obra fundamental para a construção das ideias discutidas aqui é o livro *O nascimento do Brasil e outros ensaios: 'pacificação', regime tutelar e formação de alteridades* de João Pacheco de Oliveira. Demonstrando como distintos regimes de memória construíram imagens que negaram a existência da alteridade indígenas e justificam políticas de massacre, extermínio e tutela, Pacheco de Oliveira coloca a questão indígena no centro da compreensão do Brasil, o que o leva, inclusive, a reconhecer a existência de dois regimes de colonização distintos na América Portuguesa, o do Brasil e o do Maranhão e Grão Pará, ou seja, duas estratégias diferentes de incorporação das populações autóctones e de utilização de recursos naturais, ideia que também reposiciona o lugar da Amazônia na compreensão do Brasil.

*As Terras Pretas de Índio na Amazônia: sua caracterização e uso deste conhecimento na criação de novas áreas.*

Wenceslau Geraldes Teixeira *et al.* (ed.)

Embrapa Amazônia Ocidental, 2009

Vem crescendo os estudos sobre uma ecologia histórica da Amazônia que reforçam a tese de que há uma floresta cultural tropical que não apenas foi habitada por numerosos e culturalmente diversos grupos ancestrais, como foi coproduzida por eles, em um processo de interação dinâmica entre sociedades e natureza. Reconhecendo que a maioria das publicações sobre esse tema são em inglês e, portanto, pouco acessíveis para o público brasileiro em geral, este livro se propõe a trazer uma síntese dos estudos sobre uma das principais evidências desse caráter antropogênico da Amazônia: as chamadas Terras Pretas de Índio. Além disso, o livro busca apresentar o conhecimento atualizado sobre esses solos antrópicos e, também, indicar pistas e experimentos que visam desenvolver o potencial de aplicação desse conhecimento amazônico para a agricultura tropical atual, produzindo terras pretas novas.

# REFERÊNCIAS

AB'SABER, Aziz N. 1977. "Os Domínios Morfoclimáticos na América do Sul: primeira aproximação". *Revista Geomorfologia*, São Paulo, n. 52, p. 1-22.

ABRAMOVAY, Ricardo. *Amazônia:* por uma economia do conhecimento da natureza. São Paulo: Elefante, 2019, 108.

ACEVEDO MARIN, R. E.; GOMES, F. "Reconfigurações coloniais: tráfico de indígenas, fugitivos e fronteiras no Grão-Pará e Guiana Francesa (Séculos XVII e XVIII)". São Paulo: *Revista de História/USP*, n. 149, p. 69-107, 2003.

ACEVEDO MARIN, R.; CASTRO, E. *Negros do Trombetas*: guardiões de matas e rios. 2. ed. Belém: NAEA/UFPA, 1998.

ACSELRAD, Henri. "Ambientalização das lutas sociais – o caso do movimento por justiça ambiental". *Revista de estudos avançados* 24 (68), 2010.

ACSELRAD, Henri. "Mapeamentos, identidades e territórios". *In*: ACSELRAD, Henri. (org.) *Cartografia Social e Dinâmicas Territoriais: marcos para o debate*. Rio de Janeiro: UFRJ/ IPPUR, 2012, p. 9-45.

ACSELRAD, Henri. "Sustentabilidade e articulação territorial do desenvolvimento brasileiro". Paper apresentado no II Seminário Internacional sobre Desenvolvimento Regional do Programa de Pós-Graduação em Desenvolvimento Regional da UNISC, 2004. Disponível em: https://www.unisc.br/site/sidr/2004/conferencias/02.pdf. Acesso em: 20/07/2020.

AGAMBEN, G. *Homo Sacer*: o poder soberano e a vida nua I. Belo Horizonte: Editora UFMG, 2002.

ALMEIDA, A. W. B. *Antropologia dos archivos da Amazônia*. Rio de Janeiro: Casa 8/Fundação Universidade do Amazonas, 2008.

ALMEIDA, A. W. B. "Terras tradicionalmente ocupadas: processos de territorialização e movimentos sociais". *R. B. Estudos Urbanos e Regionais*, v. 6, n. 1, maio 2004, p. 9-32.

ALMEIDA, A. W. B. Agroestratégias e desterritorialização: direitos territoriais e étnicos na mira dos estrategistas dos agronegócios. *In*: ALMEIDA, Alfredo Wagner B. de *et al.* (orgs.) *Capitalismo Globalizado e Recursos Territoriais*: fronteiras da acumulação no Brasil contemporâneo. Rio de Janeiro: Editora Lamparina, 2010.

ALMEIDA, A. W. B. GETAT. Segurança nacional e o revigoramento do poder regional. *Reforma Agrária (Boletim da Abra)*, Campinas, v. 11, n. 2, mar.-abr. 1981. p. 24-41.

ALTVATER, Elmar. *O fim do capitalismo como o conhecemos:* uma crítica radical do capitalismo. Rio de Janeiro: Civilização Brasileira, 2010, p. 363.

AMAZÔNIA SOCIOAMBIENTAL. "Limites RIESG" (arquivos shapefiles). *Dados Cartográficos.* Disponível em: https://www.amazoniasocioambiental.org/pt-br/mapas/!/download. Acesso em: 10 ago. 2020.

AMPLO ENGENHARIA E PROJETOS. *Estudo de Impacto Ambiental:* Projeto Ferro Serra Norte – Mina N4 e N5 – estudo global das ampliações. Belo Horizonte: s.n., 2010. 563 p.

AMPLO ENGENHARIA E PROJETOS. *Estudo de Impacto Ambiental*: Projeto Serra Leste 10Mtpa. Belo Horizonte: s.n., 2016.

ANDRADE, M. C. *A terra e o homem no nordeste.* Ed. Brasiliense, São Paulo, 1973.

ARÁOZ, Horacio Machado. "Orden neocolonial, extractivismo y ecología política de las emociones". *RBSE – Revista Brasileira de Sociologia da Emoção*, v. 12, n. 34, abr. 2013, p. 11-43.

ARIMA, Eugênio; BARRETO, Paulo; BRITO, Marky. *Pecuária na Amazônia:* tendências e implicações para a conservação ambiental. Belém: IMAZON, 2005, 75 p.

ARRIGHI, G. *O Longo Século XX*. Rio de Janeiro: Contraponto/Editora UFRJ, 1996.

A TERRA É REDONDA. Podcast "O Brasil depois do fim" com Vladimir Safatle e Luis Felipe Miguel. Disponível em: https://aterraeredonda.com.br/o-brasil-depois-do-fim/ Acesso em: 10 dez. 2020.

AZEVEDO e SILVA, J. M. "O modelo pombalino na Amazônia". Coimbra: Universidade de Coimbra, 2002. 38 p. Disponível em: https://www.uc.pt/fluc/iheu/artigos/modelopombalino. Acesso em: 22 jun. 2020.

BALÉE, William; ERICKSON, Clark L. *Time and Complexity in Historical Ecology*: Studies in the Neotropical Lowlands. New York: Columbia University Press, 2006.

BARRETO, Paulo; PEREIRA, Ritamaura; BRANDÃO JR., Amintas; BAIMA, Sara. *Os frigoríficos vão ajudar a zerar o desmatamento da Amazônia?* Belém: IMAZON; Cuiabá: ICV, 2017, 158 p.

BARTRA, Armando. *El capital en su laberinto:* de la renta de la tierra a la renta de la vida. Mexico D.F.: Universidad Autónoma de la Ciudad de México/Centro de Estudios para el Desarrollo Rural/Editorial Itaca, 2006, 382 p.

BECKER, Bertha K. "Novas territorialidades na Amazônia: desafios às políticas públicas". *In*: VIEIRA, Ima C. G. (org.). *As Amazônias de Bertha K. Becker,* v. 03. Rio de Janeiro: Garamond, 2015, p. 505-514.

BENCHIMOL, Samuel. *Estrutura geo-social e econômica da Amazônia*. 1° volume. Série Euclides da Cunha. Manaus: Governo do Estado do Amazonas, 1966.

BENJAMIN, W. *Escritos sobre mito e linguagem*. São Paulo: Editora 34, 2013.

BENJAMIN, W. *Obras escolhidas*: magia e técnica, arte e política. 6. ed. São Paulo: Brasiliense, 1993.

BORRAS JR, Saturnino M. *et al.* "Acaparamiento de tierras y acumulación capitalista: aspectos clave en América Latina". *Revista Interdisciplinaria de Estudios Agrarios*, n. 38, 2013. p. 75-103.

BRASIL. Agência Nacional de Mineração. *Anuário Mineral Brasileiro 2019*: Principais Substâncias Metálicas – ano base 2018. Brasília: ANM, 2020a. 35 p. Disponível em: http://www.anm.gov.br/dnpm/publicacoes/serie-estatisticas-e-economia-mineral/anuario-mineral/anuario-mineral-brasileiro/amb_2019_ano_base_2018 . Acesso em: 13 jul 2020.

BRASIL. *Comissão Nacional da Verdade*. Relatório: textos temáticos. Brasília: CNV, 2014. v. 2.

BRASIL. "Decreto-Lei n. 1.813, de 24 de novembro de 1980". Institui regime especial de incentivos para os empreendimentos integrantes do Programa Grande Carajás e dá outras providências. Brasília, DF: Presidência da República, [1980a]. Disponível em: http://www.planalto.gov.br/ccivil_03/Decreto-Lei/1965-1988/Del1813.htm:~:text=Institui%20regime%20especial%20de%20incentivos,Carajá%C3%A1s%20e%20d%C3%A1%20outras%20provid%C3%AAncias. Acesso em: 14 jul. 2020.

BRASIL. Ministério da Indústria, Comércio Exterior e Serviços. "Estatísticas de Comércio Exterior". MDIC, Brasília, DF, 2020. Disponível em: http://www.mdic.gov.br/index.php/comercio-exterior. Acesso em: 14 julho 2020.

BRASIL. *Decreto-Lei n. 85.387, de 24 de novembro de 1980*. Dispõe sobre a composição, competência e funcionamento do Conselho Interministerial do Programa Grande Carajás e dá outras providências. Brasília, DF: Presidência da República, [1980b]. Disponível em: http://www.planalto.gov.br/ccivil_03/Atos/decretos/1980/D85387.html. Acesso em: 14 jul. 2020.

BRUNO, Regina. "Bancada ruralista, conservadorismo e representação de interesses no Brasil contemporâneo". *In*: MALUF, Renato S.; FLEXOR, Georges (orgs). *Questões agrárias, agrícolas e rurais: conjunturas e políticas públicas*. Rio de janeiro: E-papers, 2017, p. 155-168.

CAMARGOS, Daniel. "Investigações apontam fazendeiros e empresários de Novo Progresso como organizadores do 'Dia do Fogo'". *Repórter Brasil*, 22 out 2019. Disponível em: https://reporterbrasil.org.br/2019/10/investigacoes-apontam-fazendeiros-e-empresarios-de-novo-progresso-como-organizadores-do-dia-do-fogo/. Acesso em: 10 jul 2020.

CARDOSO, Alessandra *et al.* "Recursos anticorrupção e militarização da política socioambiental na Amazônia". *INESC*, 2020. Disponível em: https://www.inesc.org.br/wp-content/uploads/2020/08/MILITARIZA%C3%87%C3%83O-DA-AMAZONIA-final.pdf. Acesso em: 08 set 2020.

CARDOSO, F. H. "Discurso do Presidente da República, Fernando Henrique Cardoso, na reunião ministerial – Programa de Trabalho para 2002". PSDB, São Paulo, 07 fev. 2002. Acesso em: 22 jan. 2019.

CARNEIRO, Fernando Ferreira *et. al.* (orgs.) *Dossiê ABRASCO:* um alerta sobre os impactos dos agrotóxicos na saúde. Rio de Janeiro: EPSJV; São Paulo: Expressão Popular, 2015.

CECEÑA, Ana Esther & BARREDA, Andrés. "La producción estratégica como sustento de la hegemonia mundial: aproximación metodológica". *In*: CECEÑA, Ana Esther & BARREDA, Andrés. (cord.) *Producción Estratégica y Hegemonia Mundial.* México: Siglo Veintiuno Ed., 1995, p. 15-51.

CECEÑA, Ana Esther. "Brasil y el estado de excepción". *ALAI – America Latina en Movimiento,* Quito, 08 jan. 2019. Opinion. Disponível em: https://www.alainet.org/es/articulo/197430. Acesso em: 26 mar. 2020.

CECEÑA, Ana Esther. "La territorialidad de las corporaciones". *In*: CECEÑA, Ana Esther; ORNELAS, Raul (coord.). *Las corporaciones y la economía-mundo:* el capitalismo monopolista y la economía mexicana en retrospectiva. México: Siglo XXI: UNAM: IIEc, 2016. p. 108-133.

CEV. *O genocídio do povo Waimiri-Atroari:* 1º relatório do Comitê Estadual da Verdade. Manaus: CEV, 2012. 92 p.

COELHO, M. C. N.; MONTEIRO, M. A.; LOPES, A.; BACURI, S. "Regiões do entorno dos projetos de extração e transformação mineral na Amazônia Oriental". *Novos Cadernos NAEA*, Belém, v. 8, n. 2, p. 73-107, 2005.

COSTA MALHEIRO, T. C. "(Etni)cidade indígena na Amazônia: por uma geografia do contato interétnico". 2019. 283f. Tese (Doutorado em Geografia) – Programa de Pós-Graduação em Geografia, Universidade Federal Fluminense, Niterói, 2019.

COSTA, Francisco de A. "Mercado de terras e trajetórias tecnológicas na Amazônia". *Economia e Sociedade*, v. 21, n. 2 (45), ago. 2012, p. 245-273.

COSTA, Francisco de A. "As múltiplas faces da Amazônia". Entrevista concedida a Carlos Fioravanti. *Revista Pesquisa Fapesp*, ed. 277 – mar 2019. Disponível em: https://revistapesquisa.fapesp.br/francisco-de-assis-costa-as-multiplas-faces-da-amazonia/Acesso em: 08 set 2020.

COSTA, Francisco de A. *Ecologismo e questão agrária na Amazônia.* Belém: SEPEQ/NAEA/UFPA, 1992.

COSTA, Francisco de A. "Lugar e significado da gestão pombalina na economia colonial do Grão-Pará". *Nova Economia*, 20 (1), jan./abr. de 2010, p. 167-206.

COSTA, G. G. "Os fortes portugueses na Amazônia Brasileira". 2015. 183f. Tese (pós-doutorado). Programa de Pesquisa e Pós-Graduação em Relações Internacionais: Universidade de Brasília, Brasília: UnB, 2015.

CPT. *Conflitos no campo Brasil.* Comissão Pastoral da Terra, Goiânia, s.d. Publicações. Disponível em: https://www.cptnacional.org.br/index.php/publicacoes-2/conflitos-no-campo-brasil. Acesso em: 14 maio 2020.

"CRISE: até onde os militares vão com Bolsonaro". [*S. l.*: *s. n.*]. 2020. 1 vídeo (56 min). Publicado pelo canal IE. Disponível em: https://www.youtube.com/watch?v=85QQHMCJQDQ. Acesso em: 27 abr. 2020.

CRUZ, Valter do Carmo. Das lutas por redistribuição da terra às lutas pelo reconhecimento de territórios: uma nova gramática das lutas sociais? *In*: ACSELRAD, Henri (org.) *Cartografia Social, Terra e Território.* Rio de Janeiro: UFRJ/IPPUR, 2013, p. 119-176.

CUNHA, M. C. da. *Índios no Brasil:* história, direitos e cidadania. São Paulo: Claro Enigma, 2012.

D'ARAÚJO, Maria Celina. "Amazônia e desenvolvimento à luz das políticas governamentais: a experiência dos anos 50". *Revista Brasileira de Ciências Sociais*, n. 19, ano 7, p. 40-55, jun.1992.

DARDOT, Pierre; LAVAL, Christian. *Comum*: ensaio sobre a revolução no século XXI. São Paulo: Boitempo, 2017.

DELGADO, Guilherme Costa. *Do capital financeiro na agricultura à economia do agronegócio:* mudanças cíclicas em meio século (1965-2012). Porto Alegre: Ed. da UFRGS, 2012.

DIAS, Tatiana. "Movido a paranoia: documentos e áudios inéditos mostram plano de Bolsonaro para povoar a Amazônia contra chineses, ONGs e Igreja Católica". *The Intercept Brasil,* Rio de Janeiro, 20 set. 2019. Disponível em: https://theintercept.com/2019/09/19/plano-bolsonaro-paranoia-amazonia/. Acesso em: 26 mar. 2020.

DOMINGOS NETO, Manuel. "Sobre o patriotismo castrense". *Perseu:* história, memória e política. Revista do Centro Sérgio Buarque de Holanda da Fundação Perseu Abramo, n. 18, ano 13, 2019, p. 13-35. Disponível em: https://revistaperseu.fpabramo.org.br/index.php/revista-perseu/article/view/314/256. Acesso em: 20 jul 2020.

Em discurso na ONU, Bolsonaro escancara programa de ultradireita e anti-indígena. *El País,* São Paulo, 24 set 2019. Disponível em: https://brasil.elpais.com/brasil/2019/09/24/politica/1569323723_562966.html. Acesso em: 10 jul 2020.

EMMI, M. *A oligarquia do Tocantins e o domínio dos castanhais.* Belém: NAEA/UFPA, 1987.

ESCOBAR, Arturo. *Sentipensar con la tierra:* nuevas lecturas sobre desarrollo, territorio y diferencia. Medellín, Colombia: UNAULA, 2014.

FANON, F. *Os Condenados da Terra.* 2ª ed. Rio de Janeiro: Civilização Brasileira, 1979.

FAO. *World Livestock 2013:* Changing Disease Landscapes. Roma: FAO, 2013.

FAO/SEAD. *Governança de terras:* da teoria à realidade brasileira. Brasília: 2017, 378 p.

FARAGE, N. *As muralhas dos sertões:* os povos indígenas no Rio Branco e a colonização. Rio de Janeiro: Paz e Terra; ANPOCS, 1991.

FARO, L. C; POUSA, C.; FERNANDEZ, C. *Conversas com Eliezer.* Rio de Janeiro: Insight Engenharia de Comunicação, 2005. 243 p.

FEARNSIDE, P. M. Desmatamento e desenvolvimento agrícola na Amazônia brasileira. *In*: P. Léna & A. E. de Oliveira (eds). *Amazônia:* A Fronteira Agrícola 20 Anos Depois. Museu Paraense Emílio Goeldi, Belém. 363 p. 1991.

FIGUEIREDO, J. *Presidente do Brasil:* discursos. v. 4. Tomo II. Brasília: Presidência da República, 1982.

FONSECA, A. A. "Os mapas da população no Estado do Grão-Pará: consolidação de uma população colonial na segunda metade do século XVIII". *In*: *Revista Brasileira de Estudos Populacionais*, Belo Horizonte, v. 34, n. 3, p. 439-464, set./dez. 2017.

FOSTER, John B. *La ecología de Marx:* materialismo y naturaleza. España: Ediciones de Intervención Cultural/El Viejo Topo, 2000, 448 p.

FOUCAULT, M. *Segurança, território, população.* São Paulo: Martins Fontes, 2008.

FOUCAULT, M. *Vigiar e punir:* história da violência nas prisões. Petrópolis: Vozes, 1977.

FUNAI. Geoprocessamento/Shape. Brasília – DF, s/d. Disponível em: http://www.funai.gov.br/index.php/shape. Acesso em: 2 ago. 2020.

FREIRE, J. R. B. "A demarcação das línguas indígenas no Brasil". *In*: CUNHA, M. C.; CESARINO, P. N. *Políticas culturais e povos indígenas*. São Paulo: Cultura Acadêmica, 2014.

FUNES, Eurípedes. 2019. A Luta dos quilombos hoje é para libertar a terra. Disponível em: https://radis.ensp.fiocruz.br/index.php/home/reportagem/a-luta-dos-quilombos-hoje-e-para-libertar-a-terra. Acesso em: 16 dez. 2020.

GAGLIARDI, J. M. *O indígena e a república*. São Paulo: Hucitec/EDUSP, 1989.

GORDON, César. Economia selvagem – ritual e mercadoria entre os índios Xicrin Mebêngôkre, Editora: ISA/Editora Unesp/NuTI, São Paulo, 2006.

GREENPEACE. "A Farra do Boi na Amazônia". Mimeo, 2009, 89 p. Disponível em: http://greenpeace.org.br/gado/farradoboinaamazonia.pdf. acesso em: 20 ago. 2019.

GRUPO ETC. "Tecno-fusiones comestibles". Mapa del poder corporativo en la cadena alimentaria. Clasificación de empresas por sector e ingresos en 2018. Novembro, 2019. Disponível em: https://www.etcgroup.org/sites/www.etcgroup.org/files/files/etc_platetechtonics_nov_spanish-fin.pdf. Acesso em: 17 jul. 2020.

GUATARRI, F. e ROLNIK, S. *Cartografia do desejo*. Ed. Vozes, Petrópolis, 2005.

HARVEY, David. *A condição pós-moderna:* uma pesquisa sobre as origens da mudança cultural. São Paulo: Ed. Loyola, 2008a.

HARVEY, David. *O neoliberalismo:* história e implicações. São Paulo: Ed. Loyola, 2008b.

HARVEY, David. *O novo imperialismo*. São Paulo: Edições Loyola, 2005.

HECHT, S. B. "The Logic of Livestock and Deforestation in Amazonia". *BioScience*, vol. 43, n. 10, nov. 1993, p. 687-695.

HEMMING, J. *A fronteira amazônica:* a derrota dos índios brasileiros. São Paulo: EDUSP, 2009.

HIGUCHI, N.; CARVALHO Jr., J.A. "Fitomassa e conteúdo de carbono de espécies arbóreas da Amazônia". *Anais do*

*Seminário* Emissão x Sequestro de C02 - Uma Nova Oportunidade de Negócios para o Brasil, 1994, p. 127-153.

IBGE. Censo Agropecuário 1996-96. Rio de Janeiro: IBGE, 1997. Disponível em: https://sidra.ibge.gov.br/pesquisa/censo-agropecuario/censo-agropecuario-1995-1996. Acesso em: 18 jul 2020.

IBGE. "Censo Agropecuário 2017 – resultados definitivos". *IBGE,* Rio de Janeiro, 2019. Disponível em: https://sidra.ibge.gov.br/pesquisa/censo-agropecuario/censo-agropecuario-2017. Acesso em: 18 jul. 2020.

ICMBio. Mapa Temático e Dados Geoestatísticos das Unidades de Conservação Federais. Brasília – DF, 2019. Disponível em: www.icmbio.gov.br/portal/geoprocessamentos/51-menu-servicos/4004-downloads-mapa-tematico-e-dados-geoestatisticos-das-uc-s. Acesso em: ago. 2020

IMAZON. "Os frigoríficos vão ajudar a zerar o desmatamento da Amazônia?" (arquivos shapefiles). Disponível em: https://imazon.org.br/publicacoes/os-frigorificos-vao-ajudar-o-desmatamento-da-amazonia/ Acesso em: 10 ago. 2020.

INCRA. "Números da reforma agrária: decretos desapropriatórios – histórico". *INCRA*, Brasília, DF, 29 nov. 2018. Disponível em: http://www.incra.gov.br/pt/?option=com_content&view=article&id=220. Acesso em: 17 abr. 2020.

INCRA. Acervo Fundiário / Download de Shapefiles. Brasília – DF, s/d. Disponível em: http://acervofundiario.incra.gov.br/acervo/acv.php. Acesso em: ago. 2020.

INPE. DETER (avisos). *Terra Brasilis (INPE),* São José dos Campos, SP, 09 jul. 2020. Disponível em: http://terrabrasilis.dpi.inpe.br/app/dashboard/alerts/legal/amazon/aggregated/. Acesso em: 19 jul. 2020.

INPE. "Focos de Calor – Amazônia Legal (arquivos de dados e shapefiles)". *Banco de Dados de Queimadas/Programa Queimadas (INPE),* São José dos Campos – SP, 31 jul. 2020.

Disponível em: http://queimadas.dgi.inpe.br/queimadas/bdqueimadas/. Acesso em: 10 ago. 2020.

INPE. "Taxas de desmatamento – Amazônia Legal (arquivos de dados e shapefiles)". *Terra Brasilis (INPE)*, São José dos Campos, SP, 28 abr. 2020. Disponível em: http://terrabrasilis.dpi.inpe.br/. Acesso em: 19 maio 2020.

INSTITUTO DE FILOSOFIA E CIÊNCIAS HUMANAS/ UNIVERSIDADE DE CAMPINAS – 2º Simpósio "Direitas no Poder"– Sessão 5 "Bolsonaro no poder" (3/6/20)– participação de Paulo Arantes e Renato Lessa e mediação de Camila Rocha. Disponível em: https://www.youtube.com/watch?v=NsinM6ZTYqE. Acesso em: 10 dez. 2020.

KOPENAWA, D. GOMES, A. M. R. "O Cosmo segundo os Yanomami: hutukara e Urihi". *Belo Horizonte*, v. 22, n. 1 e 2, p. 142-159, jan./dez. 2015.

KRENAK, A. *Ideias para adiar o fim do mundo*. São Paulo: Companhia das Letras, 2019.

KRENAK, A. "A União das Nações Indígenas". *In*: COHN, Sergio (Org.). *Encontros: Ailton Krenak.* Rio de Janeiro: Azougue, 2015. p. 22-29. (Coleção Encontros).

LA VIA CAMPESINA. "Las luchas de la Via Campesina por la reforma agraria, la defensa de la vida, la tierra y los territorios". 2017. Disponível em: https://viacampesina.org/es/wp-content/uploads/sites/3/2017/10/Publication-of-Agrarian-Reform-ES.compressed.pdf. Acesso em: 10 jul. 2020.

LANDER, E. "Ciências sociais: saberes coloniais e eurocêntricos". *In*: LANDER, E. (Org.). *A colonialidade do saber:* eurocentrismo e ciências sociais, perspectivas latino-americanas. Buenos Aires: CLACSO, 2005. p. 169-186.

LEFF, Enrique. *Racionalidad ambiental:* la reapropiación social de la naturaleza. Mexico – DF, Buenos Aires: Siglo XXI Ed., 2004, 509 p.

LEVIEN, Michael. "Da acumulação primitiva aos regimes de desapropriação". *Sociologia & Antropologia,* Rio de Janeiro, v. 4, p. 21-53, jun. 2014.

LIMA, A. C. S. *Um grande cerco de paz.* Poder tutelar, indianidade e formação do Estado no Brasil. Petrópolis: Vozes, 1995.

LINS, Juliana. "Terra preta de índio: uma lição dos povos pré-colombianos da Amazônia". *Agriculturas,* v. 12, n. 1, mar. 2015, p. 37-41.

LITTLE, Paul E. *Megaproyetos en la Amazonía:* un análisis geopolítico y socioambiental con propuestas de mejor gobierno para la Amazonía. Peru: Red Jurídica Amazônica – RAMA Derecho, Ambiente y Recursos Naturales – DAR, 2013.

LULA DA SILVA, L. I. "Discurso do Presidente da República, Luiz Inácio Lula da Silva, na cerimônia de inauguração da mina de cobre do Sossego Canaã dos Carajás-PA". Presidência da República. Brasília, DF: Secretaria de Imprensa e Divulgação, 2004.

LUXEMBURGO, Rosa. *A acumulação de capital:* contribuição ao estudo econômico do imperialismo. São Paulo: Abril Cultural, 1984. tomo II.

MADEIRO, Carlos. Área queimada quase dobra no Brasil em 2019, e equivale a SP e RJ juntos. *Notícias UOL* – Meio Ambiente, 14 jan. 2020. Disponível em: https://noticias.uol.com.br/meio-ambiente/ultimas-noticias/redacao/2020/01/14/queimada-cresce-brasil-2019.htm. Acesso em: 10 jul. 2020.

MALDONALDO-TORRES, N. "Sobre la colonialidad del ser: contribuciones al desarrollo de un concepto". *In*: CASTRO-GÓMES, S.; GROSFOGUEL, R. (org.). El giro decolonial: reflexiones para una diversidad epistémica más allá del capitalismo global. Bogotá: Siglo del Hombre Editores, 2007. p. 127-167.

MALHEIRO, B. C. P. "Colonialismo interno e estado de exceção na Amazônia: a "emergência" da Amazônia dos Grandes Projetos". *In*: CADERNO DE GEOGRAFIA, v. 30, p. 74-98, 2020.

MALHEIRO, B. C. P. "O que Vale em Carajás? Geografias de exceção e r-existência pelos caminhos do ferro na Amazônia". 2019. 439 f. Tese (Doutorado em Geografia) – Programa de Pós-Graduação em Geografia, Universidade Federal Fluminense, Niterói, 2019.

MALHEIRO, B. C. P.; CRUZ, Valter do Carmo. "Geo-grafias dos grandes projetos de des-envolvimento: territorialização de exceção e governo bio/necropolítico do território". *Geo-graphia,* v. 21, n. 46, mai-ago 2019, p. 18-31.

MANIFESTO DO PIARAÇU, 2020 Disponível em: https://drive.google.com/file/d/1HSsR0JnJcw3MYlKRzrinzgWsjVicw43s/view. Acesso em: 10 jul. 2020

MARGULIS, S. *Causas do Desmatamento da Amazônia Brasileira.* Brasília: 1ª ed. Banco Mundial, 2003. 100 p.

MARINI, R.M. *Dialética da Dependência.* México: Editora Era, 1990, 10ª ed. (1ª ed., 1973).

MARTINS, J. *A fronteira:* a degradação do outro nos confins do humano. São Paulo: Contexto, 2009.

MARX, Karl. *O capital*: crítica da economia política. Livro I: o processo de produção do capital [1867]. São Paulo: Boitempo, 2013.

MATTEI, Ugo; NADER, Laura. *Pilhagem*: quando o Estado de direito é ilegal. São Paulo: Martins Fontes, 2013.

MATURANA R., Humberto; VARELA G., Francisco. *De máquinas y seres vivos. Autopoiesis*: la organización de lo vivo. Santiago – Chile, Editorial Universitário, 1994.

MATURANA R., Humberto; VARELA G., Francisco. *Árvore do conhecimento:* as bases biológicas da compreensão humana. Ed. Palas Athena, 2001.

MBEMBE, Achille. *Crítica à razão negra.* São Paulo: N-1 Edições, 2018.

MBEMBE, Achille. "Necropolítica". *In*: *Arte & Ensaios.* Revista do PPGAV/EBA/UFRJ. n. 32, 2016.

MEDEIROS, Leonilde. "Movimentos sociais no campo, lutas por direitos e reforma agrária na segunda metade do século XX". *In*: CARTER, Miguel (org.). *Combatendo a desigualdade social:* o MST e a reforma agrária no Brasil. São Paulo: Ed. UNESP, 2010. p. 113-136.

MELO, S. J. C. *República jesuítica ultramarina.* Gravataí: SMEC, 1989. 38 p.

MENDONÇA, Sônia R. de; OLIVEIRA, Pedro. C. F. "ABAG: origens históricas e consolidação hegemônica". *Novos Cadernos NAEA*, v. 18, n. 2, p. 169-184, 2015.

MICHELOTTI, Fernando. "Territórios de produção agromineral: relações de poder e novos impasses na luta pela terra no sudeste paraense". Tese de doutorado em Planejamento Urbano e Regional, IPPUR/UFRJ, 2019. 388 p.

MPF. Tabela terras indígenas 2020. *Ministério Público Federal*, Brasília, DF, 2020. Disponível em: http://www.mpf.mp.br/atuacao-tematica/ccr6/documentos-e-publicacoes/tabela-terras-indigenas-2020/tabela-terras-indigenas-2020.pdf/view. Acesso em: 16 maio 2020.

MPF – Ministério Público Federal / Assessoria de Imprensa. MPF pede afastamento de Ricardo Salles do Ministério do Meio Ambiente por improbidade administrativa. Brasília: 2020. Disponível em: http://www.mpf.mp.br/df/sala-de-imprensa/noticias-df/mpf-pede-afastamento-de-ricardo-salles-do-ministerio-do-meio-ambiente-por-improbidade-administrativa. Acesso em: jul. 2020.

MUELLER, Christoph. Terra Preta de Índio desperta interesse da ciência internacional. Entrevista concedida à EMBRAPA Amazônia Ocidental, 2013. Disponível em: https://www.embrapa.br/busca-de-noticias/-/noticia/1493237/terra-preta-de-indio-desperta-interesse-da-ciencia-internacional-. Acesso em: set 2020.

MURRA, John. "El 'control vertical' de un máximo de pisos ecológicos en las economías de las sociedades andinas", *en* Ortiz do Zuñiga (1562). Huánuco, 1972, p. 429-78.

NICOLAV, Vanessa. "O que passou na 'boiada' de Ricardo Salles durante a pandemia?" *Brasil de Fato,* São Paulo, 9 jun 2020. Disponível em: https://www.brasildefato.com.br/2020/06/09/o-que-passou-na-boiada-de-ricardo-salles-durante-a-pandemia. Acesso em: 14 jul. 2020

NOBRE, Carlos *et al.* "Land-use and climate change risks in the Amazon and the need of a novel sustainable development paradigm". *PNAS*, v. 113, n. 39, sep. 2016, p. 10.759–10.768. Disponível em: www.pnas.org/cgi/doi/10.1073/pnas.1605516113. Acesso em:

Nos EUA, indígenas reagem ao discurso de Bolsonaro na ONU: 'dia de terror'. *G1 Natureza.* 24 set 2019. Disponível em: https://g1.globo.com/natureza/noticia/2019/09/24/nos-eua-indigenas-reagem-ao-discurso-de-bolsonaro--na-assembleia-geral-da-onu.ghtml. Acesso em: 10 jul. 2020.

OLIVEIRA, A. E. "Amazônia: modificações sociais e culturais decorrentes do processo de ocupação humana (séc. XVII ao XX)". *Boletim do Museu Paraense Emilio Goeldi*, Belém, Série Antropologia, vol. 4, n. 1, 1988. p. 65-115.

OLIVEIRA, Ariovaldo U. de *et al.* [conselho editorial] Apresentação à Coleção História Social do Campesinato Brasileiro. *In*: Godoi, Emília P.; Menezes, Marilda A. de; Acevedo Marin, Rosa (org.) *Diversidade do Campesinato:* expressões e categorias – vol. 2. São Paulo: Ed. Unesp/Brasília: NEAD, 2009, p. 9-17.

OLIVEIRA, Bernardo J. *Francis Bacon e a fundamentação da ciência como tecnologia.* Ed. UFMG, 2010.

OLIVEIRA, João Pacheco de. "A segurança das fronteiras e o novo indigenismo: formas e linhagens do Projeto Calha Norte". *In*: HEBETTE, Jean (org.). *O cerco está se fechando.* Petrópolis: Vozes, 1991. p. 321-347.

OLIVEIRA, João Pacheco de; FREIRE, C. A. R. *A presença indígena na formação do Brasil.* Brasília: Ministério da Educação, 2006.

OLIVEIRA, João Pacheco de; FREIRE, C. A. R. *A formação do Brasil e outros ensaios:* pacificação, regime tutelar e formação de alteridades. Rio de Janeiro: Contra Capa, 2016.

OLIVEIRA, João Pacheco de; FREIRE, C. A. R. "Terras indígenas do Brasil: uma tentativa de abordagem sociológica". *Boletim do Museu Nacional*, Rio de Janeiro, Nova Série Antropologia, n. 43, 1983.

ORNELAS, Raul. "Sujeitando o Objeto de Estudo, ou da Subversão Epistemológica como Emancipação". *In*: OR-

NELAS, Raul (org.) *Os Desafios das Emancipações em um Contexto Militarizado.* São Paulo: Expressão Popular/ CLACSO, 2008, p. 11-40.
ORNELAS, Raul; AGUILAR, Paula; MOTTO, Carlos. *Territorialidad de la dominación:* la integración de la infraestructura regional sudamericana (IIRSA). Buenos Aires: Observatorio Latinoamericano de Geopolítica, 2007. 60 p.
ORNELAS, Raul; AGUILAR, Paula; MOTTO, Carlos; BARRIOS, David. "Venezuela: invadida o cercada?" *OLAG,* Ciudad de México, 11 abr. 2017. Disponível em: http://geopolitica.iiec.unam.mx/node/178. Acesso em: 12 set. 2017.
PAULANI, Leda. *Brasil delivery:* servidão financeira e estado de emergência econômico. São Paulo: Boitempo, 2008.
PERROUX, F. *A economia do século XX.* Tradução de José Lebre de Freitas. Lisboa: Herder, 1967. 783 p.
POLANYI, Karl. A subsistência do homem e ensaios correlatos. Rio de Janeiro: Contraponto, 2012.
PORRO, A. "História indígena do alto e médio Amazonas: séculos XVI a XVIII". *In*: Cunha, Manuela Carneiro da (org.). *História dos índios no Brasil.* São Paulo: Companhia das Letras, Secretaria Municipal de Cultura, FAPESP, 1992, p. 175-196.
PORTO-GONÇALVES, Carlos Walter. "Amazônia enquanto acumulação desigual de tempos: uma contribuição para a ecologia política da região". *Revista Crítica de Ciências Sociais*, 107, set 2015, p. 63-90.
PORTO-GONÇALVES, Carlos Walter. "Geografando: nos varadouros do mundo – da territorialidade seringalista à territorialidade seringueira ou do seringal à reserva extrativista". Tese de Doutorado defendida junto ao Programa de Pós-graduação em Geografia da UFRJ, Rio de Janeiro, 1998.
PORTO-GONÇALVES, Carlos Walter. *A globalização da natureza e a natureza da globalização.* Rio de Janeiro: Civilização Brasileira, 2012. 461 p.
PORTO-GONÇALVES, Carlos Walter. *Amazônia, Amazônias.* São Paulo: Contexto, 2001.

PORTO-GONÇALVES, Carlos Walter. *Amazônia:* encruzilhada civilizatória: tensões territoriais em curso. Rio de Janeiro: Consequência, 2017. 112 p.

PORTO-GONÇALVES, Carlos Walter. "Latifundios genéticos y existencia indígena". *Revista Chiapas*, n. 14, 2002, p. 7-30.

PORTO-GONÇALVES, Carlos Walter; LEFF, Enrique. "Political ecology in Latin America: the social re-appropriation of nature, the reinvention of territories and the construction of an environmental rationality". *Desenvolv. Meio Ambiente*, v. 35, dez. 2015, p. 65-88.

POSEY, D. A. "1987. Manejo da floresta secundária; capoeira, campos e cerrados (Kayapo)". *In*: RIBEIRO, B. G. (Org.). *Suma Etnológica Brasileira*. Volume 1: Etnobiologia. Petrópolis: Vozes, p. 173-185, 1987.

POSEY, D. A. (org.); BALÉE, William. (org.) *Resource Management in Amazonia:* Indigenous and Folk Strategies. Advances in Economic Botany. Bronx, New York: New York Botanical Garden, v. 1, 1989.

PREITE SOBRINHO, Wanderley. "Fiscais acusam militares de atrapalhar combate ao desmatamento na Amazônia". *Notícias UOL* – Meio Ambiente, 28 jun. 2020. Disponível em: https://noticias.uol.com.br/meio-ambiente/ultimas-noticias/redacao/2020/06/28/forcas-armadas-gastam-milhoes-atrapalhando-a-fiscalizacao-na-amazonia.htm. Acesso em: 14 jul. 2020.

QUIJANO, A. "Colonialidade do poder e classificação social". *In*: SANTOS, B. S.; MENEZES, M. P. (Org.). *Epistemologias do Sul.* Coimbra: Almedina, 2009, p. 73-118.

SAMPAIO, Cristiane. "Atacado pelo presidente na ONU, cacique Raoni defende: 'Bolsonaro tem que sair'". *Brasil de Fato*, Brasília, 25 set 2019. Disponível em: https://www.brasildefato.com.br/2019/09/25/atacado-pelo-presidente-na-onu-cacique-raoni-defende-bolsonaro-tem-que-sair. Acesso em: 10 jul. 2020.

SANTOS, Diana Aguiar Orrico Santos. "As veias abertas para a expansão do capital: tensões territoriais no projeto de transformação do Tapajós em corredor logístico". Tese de doutorado em Planejamento Urbano e Regional, IPPUR/UFRJ, 2019. 325 f.

SANTOS, Maureen; GLASS, Verena (orgs.) *Altas do agronegócio:* fatos e números sobre as corporações que controlam o que comemos. Rio de Janeiro: Fundação Heinrich Böll, 2018. 60 p. Disponível em: https://br.boell.org/sites/default/files/atlas_agro_final_06-09.pdf. Acesso em: 16 jul. 2020.

SANTOS, Milton. *A natureza do espaço:* técnica e tempo – razão e emoção. São Paulo: Editora da USP, 2006.

SAUER, Sérgio *et al.* "Governo Bolsonaro amplia a grilagem de terras com mais uma medida provisória". *NERA - Boletim DataLuta,* Presidente Prudente, n. 144, dez. 2019. Disponível em: http://www2.fct.unesp.br/nera/boletimdataluta/boletim_dataluta_12_2019.pdf. Acesso em: 14 jul. 2020.

SAUER, Sérgio; BORRAS JR., Saturnino. 'Land Grabbing' e 'Green Grabbing': uma leitura da 'corrida na produção acadêmica' sobre a apropriação global de terras. *Campo-Território:* revista de geografia agrária, vol. 11, n. 23, julho de 2016, p. 6-42.

SBS (Sociedade Brasileira de Sociologia). Podcast "Sociedade Brasileira de Sociologia Convida". Debate sobre "Crise sanitária, crise ambiental e pandemia com participação de Norma Valêncio (UFSCar) e Henri Acselrad (IPUR/UFRJ). Disponível em: https://anchor.fm/sbsbrasil/episodes/SBS-Convida10-crise-sanitria--crise-ambiental-e-pandemia--eggtkq. Acesso em: 9 nov. 2020.

SETE SOLUÇÕES E TECNOLOGIA AMBIENTAL. *Plano Básico Ambiental.* Canaã dos Carajás: s.n., 2012.

SHOR, Tatiana. "As cidades invisíveis na Amazônia brasileira". *In*: *Mercator,* Fortaleza, v. 12, n. 28, p. 67-84, mai./ago. 2013.

SILVA, Leonela G. da. "Pecuária e agroindústria de exportação na Amazônia: dinâmicas e perspectivas". Dissertação de Mestrado em Planejamento do Desenvolvimento, NAEA/UFPA. mimeo, 2010. 103 f.

SIOLI, Harald. "50 anos de pesquisas em limnologia na Amazônia." *Acta Amaz.*, 2006, vol. 36, n. 3, p. 287-298.

SOUZA SANTOS, B. *A crítica da razão indolente:* contra o desperdício de experiência. São Paulo: Cortez, 2007.

SPVEA. Perspectiva do Primeiro Plano Quinquenal e Concepção Preliminar da Valorização Econômica da Amazônia. Belém: Setor de Coordenação e Divulgação, 1954.

SUDAM. *Operação Amazônia:* discursos. Belém: SUDAM/ Serviço de Documentação e Divulgação, 1968.

SVAMPA, Maristela. "Consenso de las commodities" y lenguajes de valoración en América Latina. *Nueva Sociedad,* n. 244, mar./abr. 2013. Tema central. Disponível em: https://nuso.org/articulo/consenso-de-los-commodities-y-lenguajes-de-valoracion-en-america-latina/. Acesso em: 14 jul. 2020.

TAVARES, Maria da Conceição. "Subdesenvolvimento, dominação e luta de classes. *In*: TAVARES, Maria da Conceição (org.). *Celso Furtado e o Brasil.* São Paulo: Ed. Fundação Perseu Abramo, 2000. p. 129-154.

THOMPSON, E. P. *Costumes em Comum.* São Paulo: Ed. Cia. das Letras, 1996.

THOMPSON, E. P. *et al. Exterminismo e Guerra Fria.* São Paulo: Ed. Brasiliense, 1985.

TOCANTINS, Leandro. *O rio comanda a vida:* uma interpretação da Amazônia. Manaus: Editora Valer/Edições Governo do Estado, 2000.

TOLEDO, V. M.; BARRERA-BASSOLS, N. *A memória biocultural:* a importância ecológica das sabedorias tradicionais. São Paulo: Expressão Popular, 2015. 272 p.

TROCATE, Charles. Apresentação. *In*: TROCATE, Charles (org.). *Ideias para o pensamento político da Via Campesina na Amazônia:* pela construção de um bloco camponês e popular. Marabá: Ed. iGuana, 2014, p. 9-14.

VALE. Relatórios de Produção. s.d. Disponível em: http://www.vale.com/brasil/PT/business/reports/Paginas/default.aspx Acesso em: jul/2020.

VALVERDE, Orlando. *Carajás, Planejamento da Destruição.* Ed. Forense/UnB, 1989.

VELHO, O. G. *Frentes de expansão e estrutura agrária: estudo do processo de penetração numa área da Transamazônica.* 3. ed. Manaus: UEA Edições, 2013.

VERÍSSIMO, José. *Estudos Amazônicos.* Belém Ed. UFPA, 1970.

VIEIRA, A. *Escritos históricos e políticos.* São Paulo: Martins Fontes, 2002.

VILLAS BÔAS, Eduardo. "Meira Mattos: a Amazônia e o livro". *ESG - Cadernos de Estudos Estratégicos*, n. 12, p. 43-75, 2013.

VILLELA, Marcelo G. "Ameaças à soberania nacional e integridade territorial na Amazônia". *ESG - Cadernos de Estudos Estratégicos,* n. 02, p. 05-11, ago. 2018.

VIVEIROS DE CASTRO, Eduardo. "Os involuntários da pátria". Aula pública durante o Abril Indígena, Cinelândia, Rio de Janeiro, 20/4/2016. *In: ARACÊ* – Direitos Humanos em Revista. Ano 4, n. 5, fev. 2017.

VIVEIROS DE CASTRO, Eduardo. "Os pronomes cosmológicos e o perspectivismo ameríndio". *Mana*, vol. 2 n. 2. Rio de Janeiro, out. 1996.

WALSH, C. *Interculturalidad crítica y (de)colonialidad:* ensayos desde Abya Yala. Quito: Abya Yala – Instituto Científico de Culturas Indígenas, 2012. 234 p.

WEINSTEIN, B. *A borracha na Amazônia:* expansão e decadência, 1850-1920. São Paulo, Hucitec/Edusp, 1993.

ZAVALETA MERCADO, R. *Lo nacional popular en Bolivia.* Cidade do México: Siglo XXI, 1986.

# SOBRE OS AUTORES

## BRUNO MALHEIRO

É professor da Faculdade de Educação do Campo na Universidade Federal do Sul e Sudeste do Pará – Campus de Marabá. Possui graduação em Geografia pela Universidade Federal do Pará, é mestre em Planejamento do Desenvolvimento pelo Núcleo de Altos Estudos Amazônicos (NAEA – UFPA) e doutor em Geografia pela Universidade Federal Fluminense. Atualmente é coordenador do Laboratório de Estudos em Território, Interculturalidade e R-Existência na Amazônia (LaTierra).

## CARLOS WALTER PORTO-GONÇALVES

Possui graduação em Geografia pela Universidade Federal do Rio de Janeiro (1972), mestrado em Geografia pela Universidade Federal do Rio de Janeiro (1985) e doutorado em Geografia pela Universidade Federal do Rio de Janeiro (1998). Atualmente é professor titular da Universidade Federal Fluminense e Coordenador do LEMTO - Laboratório de Estudos de Movimentos Sociais e Territorialidades.

## FERNANDO MICHELOTTI

Possui graduação em Engenharia Agronômica pela Universidade de São Paulo (1993), mestrado em Planejamento do Desenvolvimento – ênfase em Economia do Desenvolvimento – pelo Núcleo de Altos Estudos Amazônicos (NAEA) da Universidade Federal do Pará (2001), doutorado em Planejamento Urbano e Regional no IPPUR/UFRJ (2019) com sanduíche realizado no Observatório Latinoamericano de Geopolítica do IIEc/UNAM – México (2017). É professor da Universidade Federal do Sul e Sudeste do Pará – UNIFESSPA (Campus de Marabá – PA).

Ê

Coleção Emergências

Horizontes amazônicos:
para repensar o Brasil e o mundo

EDIÇÃO
Jorge Pereira Filho
Miguel Yoshida

COPIDESQUE
Cecília Luedemann

ILUSTRAÇÃO
Cesar Habert Paciornik

REVISÃO TÉCNICA
Aline Piva

PROJETO GRÁFICO
Estúdio Bogari

DIAGRAMAÇÃO E CAPA
Zap Design

IMPRESSÃO
Paym

Sobre o livro
Formato: 120 x 180 mm
Mancha: 85 x 145 mm
Tipologia: Frutiger LT Std 10/14
Papel: Polen soft 80 g/m²
Cartão 250g/m² (capa)
1ª edição: 2021